金塊文化

金塊文化

好命新女學

女人，不可不讀的**幸福寶典**

蘇妃◎著

前言

每個女孩都渴望自己是個「好命女」，嫁一個又帥又有錢並且疼愛自己的老公，在擁有美好家庭的同時還能成就一番事業。然而，現實常常事與願違，生活的種種不順，讓很多女孩開始懷疑自己，慨嘆自己命運不濟。

是否，你曾付出了真心，卻換來對方一句「對不起」；是否，你朝九晚五為生活奔波，卻被「職場潛規則」搞得暈頭轉向；是否，在熱鬧的聚會上，毫不起眼的你躲在一邊自慚形穢……

俗話說「命由天定」，難道這就是我的命？其實，每個女孩都擁有「好命」的潛質，一切的一切都可以改變。你不可以改變出身，但可以改變命運。

出身是天生的，而命運是由我們做出的每一個選擇決定的。每一天，我們都在面臨一個接一個的選擇，這些選擇的結果最終引導我們命運的去向。

你可以選擇積極地對待每一天，也可以選擇自怨自艾，過著抱怨的生活；你可以選擇廣泛地結交朋友，也可以選擇一個人安靜地生活；你可以選擇每天早晨早起一小時，在上班途中閱讀報紙掌握更多的資訊，也可以選擇睡到最後一分鐘，然後慌慌張張趕到公司；週六日，你可以選擇參加培訓課為自己充電，也可以選擇在家睡個懶覺，看看電視，慵懶地度過一天……

一切的一切都在於你自己，不要再抱怨命運不濟。改變自己，你才能改變命運，成為人見人愛的好命女。

沒有女人天生就是好命，關鍵要看自己如何把握。為夢而活，但不能活在夢中，不要總是羨慕他人的成功和幸福，與其整天在夢想中生活，不如用自己的努力和勤奮去拼搏一把，只要你相信自己，那你也會成為好命女中的一分子，因為命運是握在自己手中的。張愛玲說「出名要趁早」，我要說「好命」也要趁早；早一天贏得好「命」，就能早一天享受人生。

相信自己，沒有什麼做不好。甜蜜的愛情你可以擁有，圓融的人際你也會獲得，合適的工作你不會錯過，獨立的生活你能夠創造，好命女永遠對生活充滿激情，她們充滿智慧，擁有深厚的學識，她們有著自己的追求和夢想，有奮鬥的勇氣和魄力，正因為這樣，好運才會一直跟隨著她們。

本書獻給所有渴望好命的女孩，書中將帶你認識那些「好命女」們之所以能夠擁有好命的經驗和方法，讓你在通往幸福的道路上避開陷阱和彎路，早日加入「好命女」的行列。

目錄

C·O·N·T·E·N·T·S

目錄

C·O·N·T·E·N·T·S

目錄

C·O·N·T·E·N·T·S

目錄

C·O·N·T·E·N·T·S

1. 女人是築巢動物，男人是野生動物

男人需要肯定，如同女人需要認同

傳說，古希臘有一位年輕的國王叫皮格馬利翁，擅長雕塑。有一次，他雕塑了一尊美麗少女的雕像，並把它當做有生命的人那樣和它說話，愛它。結果發生了奇蹟：雕像活了！變成了一位真正的美麗少女，並與他結為連理。

國外的心理學家曾做過這樣的試驗：將兩個班級的學生進行重新組合，隨意地抽取學生分為甲乙兩組，當然每組中都有成績不等的學生。然後教師暗示甲組學生，讓他們認為自己是經過智商測定而被選出的優等生，被學校寄予厚望，而對乙組學生卻作相反的暗示。結果令人吃驚：甲組中原先成績平平甚至較差的學生，其努力程度均比乙組中的優等生為高，而學習成績也呈上升趨勢；相反，乙組中的優等生大多數不如實驗前那樣刻苦，成績徘徊不前，而中、差等生的成績則明顯地呈

下降趨勢。心理學家把這種因高期望值帶來的積極性回饋，以皮格馬利翁的名字命名，稱為「皮格馬利翁效應」。

我們可以這樣通俗地詮釋人際關係中的「皮格馬利翁效應」：當你努力發現某人的優點和長處，並且由衷地讚美他時，你就會看到他表現得越來越符合你所讚美的那種形象；而你若將某人視為小人或惡棍的話，那麼這個人就的確會以你所給的嘴臉來對待你。這就是為什麼同一個人會被不同的群體作出各異甚至相反評價的道理，因此說，「皮格馬利翁效應」是有正負的。就像心理學家對學生做的實驗，「你對它友好，它也會回報你友好」！

戀人之間、夫妻之間同樣如此，男人需要肯定、女人需要認同。每個人都希望獲得認同感，男人只有得到女人的肯定和鼓勵，才能成為更好的人，成為女人理想的情人或丈夫；而女人也一樣，有一個懂得欣賞她、珍惜他的男人，女人才會越來越美，越來越有魅力。

女人總想佔有得久一點，男人總想佔有得多一些

對於愛情，男人女人似乎總有不同的追求。女人說「執子之手，與子偕老」，

男人說「不求天長地久，只為曾經擁有」。一生一世的愛情是女人永遠的追求，卻往往得不到滿意的答案，女人總想佔有得久一點，成為男人一生停泊的港，而男人只想佔有得多一些，把女人當做走過的橋。

二十二歲的時候，丁丁是一個活潑快樂的女孩，花樣年華的她有眾多男孩追求，這些人中也包括她的老闆。近水樓臺先得月，天真的丁丁成為了老闆的女朋友。在和這個男人生活的日子裡，她墮了很多次胎，心甘情願地照料著這個男人的生活起居，跟妻子的角色沒什麼兩樣。可是十六年來，他占盡了她的青春，卻從來不曾有過娶她的想法。

她是他的隱形情人，他們的關係連公司的同事都不知道，大家都以為她只是他的一個助理而已。而她，明明知道他的浪子本性，卻天真且固執地相信日久生情，堅信「精誠所至，金石為開」，她一定會等到她夢寐以求的東西。她以為，等他不再年輕了，就一定會定下來跟她結婚。在她三十八歲那年，歲月終於將他們的青春剝盡，她深愛的他也終於結婚了；但是，新娘卻不是她。她躲在一個黑暗的角落裡絕望地哭泣，可是又有什麼用呢？只見新人笑，不見舊人哭。你要相信，有一種男人是沒有心的。那場婚禮很隆重，也很盛大，四十五歲的他挽著二十二歲的漂亮女孩走進了結婚禮堂。

十六年，女人的一生有多少個十六年？可憐的丁丁把最美好的青春，付給了這樣一個絲毫不領情的男人，卻還在妄想這個男人給她愛和承諾。這樣做真的是太傻了。三十八歲的她，該怎麼辦？她還能嫁人嗎？她早已經過了最佳的生育年齡，大部分男人都會選擇年輕的女子，她還有多少選擇呢？

她太不懂得及時轉身了，從他把她當成隱形情人那一刻起，她就應該放手。男人不會將真愛的女人藏起來羞於見人的，唯一的可能就是他不想給她未來，不想讓太多人知道。世界上最珍貴的話不是「我愛你」，而是「在一起」。這個「在一起」不是同居，而是婚姻。男人對女人最大的愛就是給她歸屬，給她婚姻，而這個男人連最起碼的珍惜都沒有。

對於一個根本就沒有愛的人，堅持又有什麼意義呢？曾經以為是天長地久，到頭來才發現他只是你生命中的過客，對這種人又何必太過於執著呢？

愛情不是盛開在天堂裡的花朵，在這個紛繁複雜的物質社會裡，女孩一定要學會保護自己，勉強維持沒有愛情的關係是沒有意義的；有時候，放手也是一種明智。一個不想失去你的人，未必是能和你一直走到老的，當愛情已經走到了盡頭，無論你如何費盡心力去維持它，都於事無補。對於一個已經不愛你的人，傻傻地堅持，不如瀟灑地放手。

愛情是需要斤斤計較的，不對等的愛，到最後傷害的是自己。不要相信你可以改變一個男人，女人希望自己是男人停泊的港灣，男人卻把女人當成他走過的橋。面對這種男人，女人們還是趁早醒悟，在還未受到傷害之前，華麗的轉身，才是最聰明的選擇。

女人總想找個可崇拜的男人，男人總想找個崇拜自己的女人

每個男人都想找一個崇拜自己的女人，一個在環境惡劣的時候，護衛著他的女人。當處境危急、當他失敗的時候，男人需要一個能建立起他的抵抗力和信心的太太，讓他知道沒有任何事情能夠動搖她對他的信任。因為如果連妻子都不信任他，還有誰會信任他呢？

十九世紀末，密西根底特律的電燈公司以月薪十一元雇用了一名年輕技工。他每天工作十小時，回家以後，還常常花費半個晚上在屋後一間舊棚子裡工作，想要設計出一種新的引擎。

他的父親是個農夫，確信他的兒子正在浪費自己的時間。鄰居們都說，這個年輕人是個大笨牛。每個人都在取笑他，沒有人認為他能夠造出什麼東西來，除了他的太太。

當白天工作做完以後，他的太太就在小棚子裡幫助他研究。冬天，天色很早就暗了，他太太提著煤油燈，使他能夠工作。他太太的牙齒在寒冷中顫抖著，手凍成了紫色，但是她相信先生有一天會成功設計出引擎，所以她先生稱她為「信徒」。

在舊磚棚裡艱苦工作三年以後，這個異想天開的稀奇玩意終於成功了。一八九三年，在這個年輕人三十歲生日的前幾天，他的鄰居們都被一連串奇怪的聲音嚇了一大跳。他們跑到窗前，看到那個大怪人——亨利福特——和他的太太，正乘坐著一輛沒有馬的馬車，在路上搖晃著前進。那輛車子真的可以跑到轉角那麼遠又跑回來呢！

一個對未來世界有很深影響的工業在那天晚上誕生了。如果亨利福特是這個新工業之父，福特夫人——這位「信徒」，就有權被叫做新工業之母了。

五十年後，福特先生，這位相信靈魂輪回再生的人，被問到他下一次出生時希望變成什麼。「我不在乎，」福特先生說，「只要能夠和我太太在一起。」他終生都稱他的太太為「信徒」，而且希望永遠和她在一起。

信任是一種主動的特質，它不會承認失敗，它會恢復失去的信心。

音樂家洛克曼尼諾夫在二十五歲時就是個成功的作曲家，由於過分自負，他寫了一首很不成功的交響曲。結果，他覺得十分洩氣，度過了許多失望的日子，最後他的朋友帶他去看尼可拉斯達爾醫師，一位心理專家。達爾醫師一次又一次地反復告訴他這個想法：「你的身上潛藏著偉大的東西，等待著你向全世界宣示。」

這個想法漸漸在洛克曼尼諾夫心裡生根，終於喚起他對自己的信心。在第二年還沒有過完以前，他已經完成了那首偉大的C小調第二協奏曲，並且把這首曲子獻給達爾醫師。當這首曲子首次公演的時候，聽眾們都為之瘋狂。於是路克曼尼諾夫再次回到成功之路。

是的，鼓勵對於男人，就像燃料對於引擎那麼重要。鼓勵使得男人的引擎繼續發動，使他們的心理和精神電池充滿電力，將失敗轉為成功。

運氣有時候會挫敗我們每個人的銳氣，嚴重的打擊還會使我們挺不起腰來，但是如果有我們喜歡的人告訴我們：「別放在心上，像這樣的事情是打不倒你的，我知道你一定會贏！」那麼事情就不一樣了。

這就是有信心的妻子們，對她們丈夫的一種信任。她們以一種特殊的視覺，看到了別人看不出來的特質，她們用眼睛去看，也用內心的愛去看。

戀愛與結婚，男人為何把它們當成兩碼事

在婚姻殿堂的鮮花和掌聲中，與男人相伴終生的女人，往往不是曾經與他山盟海誓的那位。也許你要說，那是因為各種外界條件的阻撓，使有情人終不能成眷屬，但男人心裡並不是這樣想的。

很多男人在談戀愛的時候並沒有結婚的打算，他們的戀愛是純粹的戀愛，他們在談戀愛的時候，總是想著可以和更好、更合適的女人結婚。在某些男人心裡，戀愛其實和運動、賭博差不多，是一種活躍身心的娛樂。這對為愛付出全部情感的女人來說多少有些殘酷，卻是一個事實。

不過，男人這種總想找下一個的心理還只是表面的自我安慰，因為男人一到了結婚年齡，無論是社會的還是家庭的壓力都會接踵而至，他們自己也在結婚與不結婚的矛盾中掙扎。事實上，他們的深層心理是不想結婚的，他們覺得，單身能無拘無束、盡情玩樂，一旦結了婚就不可能再如此縱情了。從新婚開始，那些陽光燦爛

的日子將成為過去，一切將被家庭的框框所束縛，凡事都不能像以前那樣隨意自在。

當某個朋友即將結婚時，男人會不由自主地感到些許傷感和同情：「唉，這傢伙，好日子就要結束了。」由此，似乎可以得出一個結論：男人們只在乎自身的快樂。其實反過來說，男人覺得結婚後再也不能隨意玩樂這種想法，本身就是重視家庭的一種心理反應。

對於戀愛，男人希望能忠實於自己的感情，忠實於自己所愛的人，同時又不願陷得太深，最理想的是能將它作為美好的回憶一直保留。所以當女人要求結婚時，男人往往會如此辯駁：「我是說過喜歡你，可我沒說過要和你結婚呀！」男人以此作為脫身之由，可女人往往並不接受這一套。她們常常會向各方求援，或向朋友們哭訴，以各種手段來促使願望得以實現。一般情況下，尚無結婚打算的男人為遠離這樣的麻煩事，就儘量和二十多歲的年輕女孩交往，因為這個年齡的女孩同樣渴望享受單身的自由，自然不會急於結婚。

聰明的女人要知道，男人除了想和女友約會外，還想去旅行、運動、喝酒，這些願望同樣強烈；而過了一段與女友不見面的日子後，他們又會急切地想見女友。

從這點來看，說男人是一種任意性很大的動物一點也不為過。男人的任意便是在考慮事情時容易只從自身角度出發，女人若與男友生活過一段時間，便會對此有較深刻的瞭解。

總之，男人的戀愛和結婚是兩碼事，因此結婚時選擇其他女性毫不奇怪。但不是所有女人都能理解並接受這種屬於男性的「戀愛不一定是為了結婚」的規則，因此，為了避免被傷害，在戀愛過程中要確定你的男友是否仍然保有「不結婚」的想法，如果有，最好儘快脫身，尋找想跟你結婚的那個男人。男人這種不婚心理，隨著閱歷的增長會逐漸減弱，想結婚的念頭會逐漸加劇。

男人因性而愛，女人因愛而性

美國心理學大師約翰．格雷的《男人來自火星，女人來自金星》系列圖書中說道，男人因性而愛，女人因愛而性。為什麼會這樣呢？他說：「男人需要通過性來感覺愛。幾千年來，不斷進化的結果，男人學會了抑制自己的感受和情緒，以適應他們保護者和提供者的天職。大多數男人認為，完成工作比花時間解釋感覺更為重要，更多的感覺和感情只會阻礙他們達到目的的意志。男人的天職和本性決定了他需要通過性來感覺愛。在茹毛飲血的時代，男人投入野蠻的戰鬥中，必須把他們的感受放到一邊。為了養活他的族人，保護他的族人，男人不得不隨時接受死亡的挑戰，也要常常忍受酷暑和嚴寒的折磨。在適應生存要求的過程中，男人漸漸變得麻木。事實上，這種差別戲劇性地表現在皮膚的敏感性上，女人的皮膚比男人的皮膚要敏感十倍。」

「為了抵抗疼痛，大自然讓男人學會了關閉自己的感覺。然而，男人不再感到疼痛的同時，也失去了對幸福與愛情的敏感。對多數男人來說，用錘子敲手指或者看一場足球比賽根本無法讓他們重新敏感起來，性愛卻能，並且性愛絕對能使男人獲得最敏感的體會，性愛讓男人重新學會感覺。當男人的感覺被喚醒後，他再度發現了隱藏在內心深處的愛情。通過性愛，男人重新獲得感覺；通過感覺，男人再次回到靈魂深處。」

關於男人重性，科學研究也證實：男性大腦負責控制性意識區域的面積，幾乎是女性的兩倍，這一點，也是很多男人比女人好色的原因之一。美國加州大學精神學家早前就發表過一份性學報告，當中指出：男性平均五十二秒就會聯想到性方面的事情。對男人而言，性可以只是性，只有當他們覺得有必要時，才將性和愛統一。所以當一個男人進入女人身體時，可以僅僅是發洩，而與愛情無關。

其實，女人不僅沉醉於愛情，女人也像男人一樣喜歡性愛，她們性欲的強烈程度絕不遜於男性。有所不同的是，女性由於長期受社會習俗的約束，她們的性欲內斂而不顯露，而男人則直露得多。女人傾向於先有愛，再有性，即使有的女人跟她不愛的男人發生了性關係，在過程中也感受不到性的快感，則可能是出於金錢、報復、取悅或是其他目的。

男人的性是本能，它可以與愛無關，但男人的愛卻不等於性，也可以與性無關。關於這點，我們再來看約翰．格雷博士是怎麼說：

「剛開始交往時，男人首先就被漂亮女人靚麗的外表、性感的身材迷住了，儘管他對她一無所知，但被本能沖昏了頭，他毫不猶豫地開始瘋狂追求。一旦男人感覺到性衝動，多數男人都會認為他對這個女人瞭若指掌，他對她充滿了興趣，願意流連在她的身邊，甚至認為自己已經不可救藥地愛上了她。其實，真正的考驗在於：在他漸漸真正瞭解她之後，是否還依然愛她。儘管一時的激情看似情意綿綿，但這並非真愛，同樣也難以持久。唯有歷久彌堅的感情，才是真正的愛。」

這麼看來，那些所謂移情別戀的負心男人其實並沒有背叛他們的情人，在這場失敗的戀情中，男女雙方都負有不可推卸的責任。他們一開始就把注意力過多地集中在肉體方面，卻不重視創造瞭解彼此的機會，愛之不深、思之不切，也就很難發現對方是否與自己性情相投、心心相印。

男人有冒險的天性，女人要有拓荒精神

如果女人希望自己的丈夫能在他所熱愛的事業上獲得成功，女人就應該鼓勵他們大膽地去嘗試每一個可能的機會，同時自己也做好承擔風險和克服困難與挫折的準備。卡內基夫人曾講過這樣一個故事：

「我的祖父勞勃特森從小在堪薩斯州的農莊長大，他心中有一個夢想：他一直渴望能移居到印第安泰里特利去，以便在這個邊界殖民區裡能闖出一番事業來。當他的妻子哈麗特瞭解了他的這個想法後，她沒說一句反對的話就將他們的行李整理好，放進一輛敞篷馬車裡，然後帶著孩子往未知的前途快樂地出發了。後來他們在錫馬龍的河岸邊定居下來，這個地方，就在現在的奧克拉荷馬州東北。在那兒，我的祖父首先建造了一座木屋，然後用籬笆圍起一片土地。不久後，他借了點錢在這

個小村開了一家小店，那地方就是現在的奧克拉荷馬州杜爾沙市。」

「當時，我的祖母哈麗特的日子過得十分艱苦，她要照顧九個小孩，自己身體也不太好，而且生活條件十分惡劣，但她從不抱怨，她會小心地用舊報紙來貼補那間最早蓋起來的木屋。那裡沒有醫生，教會學校供小孩子念書的教室只是一間小木屋。艱辛的日子、債務、嚴寒的冬天和酷熱的夏天，這就是他們生活的全部寫照，但在當時，以邊疆的生活水準來說，勞勃特森後來算是成功了。他的妻子哈麗特活著時終於看到她的丈夫變成了一個成功的、受人敬重的居民，她的兒女們也都有了幸福的歸宿。」

男人都有冒險的天性，作為女人要相信丈夫，而且相信她們自己，即使面臨著危險、困苦、疾病和死亡。一個妻子必須具有拓荒前輩的那些精神，放手讓自己的丈夫去做他喜歡的任何事情，哪怕他的做法非常冒險。一個具有進取心和創造心的人，能夠拋棄原有安定的人，絕不會因為其他的原因而撤退。

曾經有一個男人，只因為他的妻子不願犧牲眼前安定的生活，就在他不喜歡的工作上耗費了一輩子。一開始他從事記帳，後來他存了足夠的錢，於是想開一家自己的汽車修理廠，但是這時他結婚了，妻子認為他們現在沒有房子，最好不要冒險。等到他們買了房子，他們的第一個孩子又要出生了，妻子認為開創自己的事業是一件十分辛苦的事，不要自討苦吃，且萬一失敗了怎麼辦？無疑，他會失去一切，包括一份中等而固定的薪水，公司的年金、退休金和疾病津貼，她不喜歡冒險的生活。於是日子一天天過去，這位男士也失去了創業的機會。

現在的他是個庸庸碌碌的中年人，對自己的生活感到極端厭倦。空閒時修補修補自己的汽車，一張失意的臉上沒有什麼可回想的東西。在他的生命中，幾乎所有的時間都用來壓抑對於工作的厭惡，時間就這樣逝去了。由於他的妻子不願給她嘗試冒險的機會，他對自己的工作沒有興趣，更沒有熱情。如果他放棄安定的生活，努力去嘗試自己選擇的工作，就算失敗了又會怎樣呢？至少他會有嘗試過的滿足感，如果他能從中領悟到失敗的原因，下一次他就有機會成功。

雪佛釀酒公司做過一項調查，其中一個問題問道：如果自己的丈夫想從一個他不喜歡的穩定職業，轉到另一個他非常感興趣但不太穩定、薪水又低的工作上去，太太們是否會贊成？接受訪問的約有六千名不同年齡的家庭主婦，回答不願讓丈夫轉行的只占總數的四分之一。看起來，這種類型的妻子還是少數，這個結果讓人興奮。

一個人從事能夠給他帶來快樂的工作，不一定會讓他變得富有，然而真正的成功必須是這份工作能夠讓他內心得到滿足，而妻子在精神上應該有足夠的能量，讓她的丈夫自由自在地從事他熱愛的工作。

一樣的世界，不一樣的表達

生活中，我們常常會發現這樣的現象：面對壓力時，男人可能會不停地抽煙、喝酒，或者默默無語，而女人則會選擇購物或者向別人傾訴；女人常常覺得男人比較粗心，不會照顧人，在表達愛意方面顯得很笨拙，男人則常常覺得女人的方向感極差，覺得女人總是嘮叨個沒完；男人對著電視不斷地更換頻道，女人則比較專注於某一檔節目。

經過一天的工作或者學習之後，男人的大腦會將每天發生的事情進行分類之後存檔，而對女人來講，當天發生的所有事情會不斷地在她大腦中出現，不像男人那樣條理清晰。所以，女人常常會通過將這些事情傾訴出來以解決自己的問題，而她們並不是以解決這些問題為目的，只是想將這些問題呈現出來。

在極度煩躁的情況下，男人常常沉默，這種沉默讓女人感到害怕。女人為了讓男人心裡能夠舒服一些，會坐在男人的身邊讓他說出他的煩惱，但越是這樣，男人越會煩躁不安，甚至會讓女人離開。男人們喜歡隱藏自己的情感，不願意被別人知道自己的真實想法，他們是一個孤獨者，傷心了，也會強忍著不哭。

而女人心情狂躁時如果會大喊大叫，摔東西來發洩情緒，實際上，她要表現的是自己需要被照顧、關心。女人更開放、誠實、合作、有犧牲精神、善於表現感情，女人對於情緒大多選擇發洩，並用富有感情的形容詞傾訴自己的感受。對女人來說，情緒化的表現是一種交流方式，她可以很快恢復並忘記，但男人卻認為對她的問題有責任找到解決辦法，否則，就會認為自己很失敗。這就是為什麼當一個女人情緒化時，男人會感到難受或生氣的原因。

當男人和男人相處時，他們能不說話好長時間也不覺得彆扭，但假如男人和女人坐在一起，女人則會受不了男人長時間的沉默，會覺得這個男人毫無風趣可言，所以女人更願意和那些說話風趣幽默的男人在一起。

男人遇到問題的時候常會說：「把它交給我吧！」這時，他會面無表情、靜靜地思考問題，而女人看到男人靜靜無語，就會以為男人不高興，於是儘量和他搭話，幫他找一些事情做，男人卻會因為被干擾而生氣。男人只有找到了解決問題的方法時，才會高興地說出來。

男人常常需要證明自己有解決問題的能力，且只有當他認為別人有更好的解決方法時，他才會去麻煩朋友。男人也經常會以提供女人她需要的東西來表現他的成功，讓女人讚賞他的能力，在女人的滿意中得到滿足；假如女人感覺不到幸福，男人就會覺得自己失敗，很有可能，男人會因此離開這個女人，轉向另一個自己能夠滿足的女人。但是女人離開一個男人，不會是由於她不滿意這個男人所提供的東西，更多的原因是他們感情不和。女人想要的是愛，女人渴望浪漫和與男人更多的交流，當女人不能感受到被愛的感覺，就會選擇離開。

所以，男人的思維和女人的思維有著很大的差別，如果瞭解這些，女人為什麼會這樣、男人為什麼會那樣的問題自然就迎刃而解了。

2. 愛情背後的真相

遇上一等男人是運氣，但不見得是福氣

不是每個女人都能遇上年輕有為、事業有成的一等男人，然而一個「好男人」不能以有錢與否來做評斷，一個好男人是會在工作的同時，還能不忘關懷他的另一半，這才是女人真正的福氣。

在社會中，男人和女人有著截然不同的角色模式、行為模式、思維模式和語言模式。每個人都按照自己的性別「規範」運轉著，因此，男人們在一起多半只是談論工作、技術、科學、政治、汽車、球賽之類的「無情」話題；而情感交流、心理宣洩、溫存愛撫、休閒時尚等，都被他們視為只有女人才有興趣的無聊東西。於是，當他們膽怯的時候也要偽裝堅強，當他們苦悶的時候也會擠出笑臉。

這樣的男人或許事業騰達，但內心世界卻顯得荒涼空寂，於是內外的差異合力

擠壓著他們，甚至讓生命提早枯萎。孤寂無奈的男人也會如饑似渴地期盼女人的撫慰，但那不過是尋覓一位「代位母親」，一旦解決了感情的「溫飽」，他們就將重返無情的競爭天地。

在家裡最常聽見男人說的話是「收入太少」，並以此來逼迫自己多賺錢，美其名為「以免家庭開支拮据」，實則擔心自己的虛榮得不到滿足。而男人在擁有財富之後還要名望，擁有名望之後還要權力，權力之後還要……他們永無休止地追逐，而忽略了身邊的人真正的需要。

他們以為有了錢家人就能過上好日子，卻忘了家人都是人，需要的是陪伴。男人對物質的崇拜，對精神的輕視，害了別人，也苦了自己。

男人也經常呼喊：給男人一點溫暖！說實話，看他們喝悶酒時失落的神情，真的很同情他們，可是真要有心幫男人一把，得讓他們自己從空中樓閣走出來，腳踏實地地瞭解世界，清清楚楚地認識自己。

男人有個毛病，總以為天下就沒有自己做不了的事，他們的心被世俗所累，害怕被別人超越，因此要不斷地奮鬥以求鞏固、發展、壯大。直到有一天老態畢露，疾病纏身，這才發現自己雖然得到了許多，卻失去了更多，人生最應該享受的健康和快樂，已是永遠不會再有了。

有位英年早逝的男人在離開世界之前告訴友人：「在別人眼裡，我很成功，很風光，什麼都不缺，但我自己心裡最清楚，我先以犧牲愛情為代價，後以過早地結束生命為結果。人生最寶貴的東西我都不曾擁有過，別的還有什麼意義呢？」

很多男人認為，「造福」家庭的唯一方法便是拼命工作賺錢。其實，這種做法往往造成婚姻不快樂，因為當他們機械化地不停工作，往往就忽視了女人的存在，而女人要的並不是大把大把的鈔票，而是必要時候的一句貼心話。現代女性需要的不是一個只會賺錢的機器，而是一個心裡有家有妻兒的丈夫。

女人對男人越好，往往越是加速男人的背叛

愛情中的女人，大多有那麼一點「大無畏」的精神。愛一個男人，愛到瘋狂的地步，義無反顧地為他付出，可他最終還是成了別人的男人，自己反倒遍體鱗傷。你若問她後不後悔，她多半會告訴你，愛一個人就應該為他付出。其實，她並非真的無悔，只是因為毫無保留的付出卻換來形單影隻的淒涼時，自欺欺人成為最常用的療傷方式。女人應該清醒一點，對於愛情，三分之一的投入已足夠，千萬別讓自

己服下了「付出就是幸福」的迷藥。

女人就是這樣，一旦愛了，就太傻、太癡，一味地付出，卻從來不想，待蠟燭燃盡，你還能擁有什麼？當你遺失了自己，你的愛情還能剩下什麼？很多女人就是這樣一步一步把男人寵壞的，把他當成孩子一樣地寵著。結果，雙方地位慢慢發生改變，以前他把你當女王，現在你把自己當女僕；男人在家裡變得指手畫腳，而女人變得唯唯諾諾，最終是他對你越來越厭倦。

聰明女人卻不會這麼傻，永遠都把自己放在第一位，隨心所欲，而她們的人生卻往往出人意料的稱心如意。她們做任何判斷都不會以害怕失去男人為前提，在跟一個男人保持關係的自始至終，都會堅持自己的個性。她不會改變自己的喜好與趣，不會為他放棄自己的夢想，不會偏離自己的正常生活，不會忘乎所以地與一個男人愛得死去活來；可具有戲劇意義的卻是，她們越是這樣，男人越是害怕失去她們，因為這樣的女人並非專屬於他，他反倒要費心去討好她，甚至開始想「套牢」她。

愛是相互的，愛一個人並不表示得放下自我為對方付出一切，真正的愛只有在相互的給予中才能平穩地前進。女人在付出真愛的同時，要有意識地培養男人愛你的能力，在他需要你的時候，你適時伸出手，給他一片溫柔的天空，但你不能隨時隨地、無條件地奉獻你的柔情。在你疲憊的時候，讓他給你倒杯茶；在你生病的時候，讓他陪你去醫院；在日常瑣事中逐漸培養起他關心你、體貼你的習慣和意識，只有這樣，才能掌握愛情的天平，而不至於傾覆。

愛得絕情才不會愛得絕望

在電影「非誠勿擾」裡舒淇扮演的空姐梁笑笑，癡情地愛著一個帥氣又多情的已婚男人，要不是遇上秦奮，要不是跳海未死心已死，她可能會一直癡戀著那個不肯離婚的男人。如果愛一個人，逼到自己跳海的地步，相信無論如何也不會有美好的結局。

可在真實生活中，總有女孩子愛上多情的已婚男人。開始，女孩可能是拒絕的，她們的態度可能是冷若冰霜，或者用了各種手段希望男人死心，可是男人非但沒有停住追逐的腳步，反而變本加厲，送禮物、傳達問候、約吃飯……經歷尚淺的女孩，終於經受不住誘惑，對多情男人臣服了。

可是，這樣的男人就是可以讓你依靠一輩子的人嗎？眼前的體貼就算是一輩子的承諾嗎？他對你好的時候，必定是建立在對另一個女人不好的前提之下；他守在你的身邊，必定有另一個女人獨守空閨。所以，這樣的男人即使再好，也是要打折扣的。

要知道，多情的男人未必重情；愛上多情的已婚男人，更是啞巴吃黃連，有苦說不出，這種不合適的戀愛，總會有讓女孩愛到絕望的那一天。

在男人心裡，性與愛並不是一回事，只要有合適的機會，他是不會介意左擁右抱的。他嘴裡說夫妻感情不好、性格不合，不過是結婚時間長了產生的審美疲勞，想換一換口味而已。當現實問題擺在眼前，你讓他做出選擇的時候，他多半會選擇維持原有的婚姻，因為從一開始，他就沒打算要離婚，對他們而言，這終究是一場遊戲，遊戲結束的時候他們是要回家陪老婆孩子的。即使他不小心愛上了你，也會因為離婚成本太大，使得他不會輕易離婚，女人傻傻的等待，注定了要錯過出嫁的花期。

愛上已婚的男人，不管你花費了多少心思，到最後多半只能以絕望的悲劇收場。所以，聰明的女孩，在開始面對這種多情的已婚男人時，就應該表現出最絕情的一面，將這種不適合的愛情扼殺在搖籃當中，才能避免自己在以後的日子裡受到傷害。

該相愛的人不曾相愛，是人生的一大憾事，但是不該相愛的人相愛了，也未嘗不是一件痛苦的事。放手，其實是愛他，也是愛自己。

好男人都是搶來的

女人的矜持彷彿是無師自通的。總有一些女人，在面對終身幸福的問題時，抱著一種宿命的心態，「是我的總會來，不是我的，著急也枉然」。自問，自己有多麼優秀，憑什麼可以坐等幸福降臨。要知道，現實的規則是，被動認命的人永遠沒有掌控自己命運的人過得好。好男人是等不來的，該矜持的時候矜持，該積極的時候就要主動出擊，懂得適度主動的女人才是真正聰明的女人。

在男人心裡，主動出擊的女人比處處矜持的女人更多了一分可愛，至少她們的性格是直率的，況且，有女孩子向自己表示好感，也是對自己魅力的一種肯定。其實男女之間關係的進展在很大程度上是由女方決定的，女方有好感，採取一些暗示，男方才有機會；反之，大多數男人都會知趣的放手。

事業成功、成熟穩重的男人是多數女人心目中的好男人，而越是事業上有所成就的男人，就越怕傷害到自尊，已經事業成功的人往往更加害怕失敗，在感情問題上有更多的顧慮，可能會採取以守為攻的方式。聰明女人不要因為自己的矜持而錯失一段好姻緣，擦肩而過的愛情固然有一種神秘的美麗，但始終不曾擁有。

遇到心儀的人，一定要告訴他。平時精明能幹的女人，偶爾示弱，諸如頭疼、感冒等小症狀，也是測試他對你好感程度的好方法。但是，無論暗示還是明示，都要給自己定一條底線，他對你的種種表露視若無睹，不是因為他不解風情，只能說明他對你真的沒興趣，若是你翻山越嶺才看見愛情若有似無地露出一線希望，這時就應該放手了。

只會等待的女人，永遠得不到愛。大膽追求自己的幸福並不可恥，更不可笑，反而那些故作姿態、默不作聲的女人最可憐；如果不是打定主意要單身，就不要過分「謙讓」，畢竟，好男人就像稀有資源，晚一步就是別人的了。

對正派的女人，玩世不恭的男人不敢輕易下手

玩世不恭的男人對於女人總有一種想得手的心態。追求階段自是百般殷勤，今天吃飯、明天送禮，一旦得手，便味同嚼蠟、棄如敝帚，剩下的，是一個又一個以

淚洗面的女人。不想遭此下場的女人，要記得做個正派的女人。

漂亮對於女人，有時是武器，男人如果被漂亮的女人瞄準，往往擋不住誘惑，不知不覺就被「漂亮」牽著鼻子走了。雖然漂亮對於女人來說有時是資本，但有時也是一種負擔。面對各種誘惑時何去何從？應該保持一個清醒的頭腦。

我們常常會看到一些女人，她們把自己打扮得花枝招展，但卻絲毫無法引起人們的喜愛。因為，在那「美麗」的背後，似乎總隱藏著什麼？反而，那些大方得體、不刻意掩蓋自己瑕疵的女人，常常會受到人們的喜愛和尊重。她們的美麗，不是為了炫耀，不是為了虛榮，更不是謀取廉價的賜予，她們的心靈世界沒有任何污染，不存在任何非分的企圖。從美學意義上講，美麗的女人因其自愛而更具魅力。毫無疑問，我們所欣賞的女人，一定是自重、自愛的女人。

一個懂得自愛的女人，首先會非常珍愛自己的生命。因為只有建立起珍愛自己的信念，才會樹立積極的人生態度，變得奮發向上。另外，自愛的女人總是用良好的道德規範約束自己，讓心靈免受物欲和邪欲的污染。她們深知，生命與名譽是無價的珍寶，如果失去這些，女人就會變得輕浮，即使美若天仙，也會花容失色，失去魅力。

女性在生活的道路上並非是一路平坦，有時也會受到外界的干擾，使她們迷失方向，所以，一定要把握好自己的方向。在生活和工作中，女性應保持自愛的品格，這樣做才會讓人們對你敬愛有加。

1.認清自己的位置：人們只會被那些重視自己而又富有感情的女性所吸引，所以，你只要保持自己的風格，不有意迎合別人和扭曲自己，表現出真誠，面對別人時，不卑不亢，而又不失女人味就可以了。

2.表現親切大方：女性天生具有細心的特質，幫助別人時要表現得自然些，給人一種親切大方的感覺。要經常保持適度的笑容，不可過分媚笑，那只會令人反感。

3.不打性感的招牌：與人交際的過程中，女性不應表現出具有誘惑性的動作，也不可穿過於暴露的衣服。那只會讓人們認為你是在賣弄自己，根本沒有什麼價值可言。只有保持正派的作風，人們才會看重你，賞識你。

凡塵俗世，女人難免會受到各種各樣地攻擊和誘惑，重要的是應用「自愛」來武裝自己，使自己正確地導入航線，不被外界所打擾。看男人，不要只盯著他手裡的錢，也不要只關心他討好你的花樣，如果不想成為男人週末消遣的速食，一定要做個自尊自愛的正派女人。

情人熬不過正妻——堅決不做地下情人

是女人都渴望婚姻，沒有女人可以絕對免俗完全不奢求「名分」，年輕的時候不著急，等到離三十的關口越來越近，對婚姻的渴望也會加倍。那個不能給你名分的男人，他會迷戀你，但多半不會為你離婚，因為在他眼裡，老婆雖不動人，但本分實在，而情人再美，也只是一場遊戲一場夢，他能給你短暫的激情，卻無法給你終生的歸宿。情人永遠熬不過正妻，聰明的女人，不要說什麼「只求與你終身廝守」，做情人太累，得不償失。

情人的關係是曖昧的，卻也是脆弱的，經不起任何考驗。不要相信他對你所說的承諾，不要以為自己漂亮就不會受到傷害，女人情感的一生，需要的是責任和安全感。所以，如果你愛上一個男人，又被對方愛著，但你們又注定無法在一起，那就不要與他做情人。

所以，不要做他的地下情人，如果你是他的地下情人，那麼：你很愛他，在你投入感情的時候，希望他也能給你同樣的愛，但他無法做到；你很想擁有他，在你想要有個家的時候，希望他能給你一個歸宿，但他無法滿足你。

當你們第一次在某個隱蔽的角落擁吻時，你感到新奇、緊張、刺激。你被他身上的某種魅力吸引住了，但吸引他的，只是你的青春，以及你的單身。當兩個人在一起的時候，他表現出無限的溫柔，甚至會輕輕地叫你一聲「老婆」；他會讓你感覺你是世界上最幸福的女人。躺在他的胸膛上，你曾幼稚地想，不必在乎天長地久，只要曾經擁有。曾經一度，你真的以為，他的胸膛就是你的歸宿，你不需要什麼名分。

然而，他有他的想法，他不願對外介紹你們的關係，在眾人面前，你們可能是陌生的路人。他能分清楚，哪些情感應該給他的家人，哪些情感應該給你。他會給你金錢首飾，但不能給你安全感；他可以為你描繪無限美好的明天，但明天不一定會來到。除非你在遊戲人生，否則，當你愛上他，想念他，並想擁有他的時候，你會得到一個失望的結果。那個時候，情人將不再是情人，而是仇人。

女人需要愛，需要被愛，有些感情付出了就收不回，開始了就無法停止。瞭解男人的女人，不會做他的情人，或許當你付出真感情的時候，你不過是他的一個消遣，他在朋友面前的一個話題。儘管你得到了他的片刻溫存、他的金錢，可你失去的是你大好的青春，這是用錢無法買到的。

戀愛不是求職，情場不宜四處撒網

愛得太多，是會麻木的。男朋友換得太多，換到最後，總是感嘆：還是原來的那個他最好！要不就是發現自己的眼光越來越「毒」，閱人無數後，對方的秉性特點都了然於胸，到最後，反而喪失了愛下去的勇氣。

身邊不乏這樣的例子，沒有找到心中的白馬王子，遇到一個還不錯的男人，即使心裡並不想和他共度一生，還是勉強答應，然後繼續睜大雙眼四處搜索，等到更好的目標出現。她們會說：「年齡不小了，只一對一的拍拖肯定不行！要全面撒網，重點培養，多線發展，齊頭並進，最後選定一個結婚。找工作跳槽要騎驢找馬，戀愛也是。」其實誰都不比誰傻，一到週末或者情人節，你就得去「加班、出差」，誰不明白啊？兩人在一起時，手機都是震動或者無聲，大家都是情場老手，誰比誰傻啊？尤其是男人，發現自己被當驢時，容忍度可比女人有限得多。

你身邊是不是有很多人，他們明明不夠相愛，卻還在一起，問起來他們會說，先留著吧，等找到了好的再換。文學創作中也有不少這樣的案例，一個女的先跟一個男的在一起，然後，忽然有一天，碰到一個更好的，拍拍屁股就走了，只是走的人輕鬆，那個曾跟你在一起的人，你有沒有想過他的感受？

騎驢找馬，一度成為一種風氣。好多女孩子都這樣做，她們覺得騎驢找馬是天經地義，而且，也認為這是很聰明的做法。不找？那才是傻子。騎驢找馬的人，一旦找到馬，就會很開心，並且對之前的驢再沒多少感情，一旦找到馬，還可能向別人炫耀，甚至開班授課，向自己的同學、朋友、同事傳授秘訣。

可別以為騎驢找馬一定可以找到馬，就我們身邊的情況來看，有的人確實能找到，有的人卻找不到。有些人總覺得自己可以換個更好的伴侶，結果，卻跟那個之前的人在一起，說愛也不怎麼愛，要分開，似乎有點難度，因為已經習慣了。再說，年華也已經耗去了，還有什麼機會和勇氣？事實上。騎驢找馬，有可能會碰到下面這些情況：

1.你找的馬，有可能是驢的朋友，這個時候，你還有可能聯繫馬嗎？

2.你要找的馬，有可能也是其他人的驢，所以，他未必抽得開身。

3.當你騎驢找馬的時候，馬看到你跟別人在一起，馬率先就排除了你。

可能情況還很多，不再列舉了。

而最可怕的是，當你跟驢在一起的時候，你身上會沾染驢的氣息，那麼，當馬看到你的時候，馬嗅到了你身上的這種氣息，馬不一定喜歡，所以，跟驢在一起久了，便喪失了跟馬在一起所需的那種氣味。

所以，騎驢找馬，最後有可能馬也沒找到，驢也失去了，只找到一隻豬，這個時候，你們會不會後悔自己的做法？廣撒網或許是求職的訣竅，但戀愛畢竟不是求職，心計策略太重，容易失去真正的緣分。

分手說多了，也會成真

分手，往往是戀人間最忌諱的話題，卻也是最平常的話題。尤其是女人，但凡在氣頭上，這兩個字就特別容易脫口而出。而盛怒中失去理智的戀人們，也輕易地因為這樣的氣話而做出分手的決定，或許會復合，也或許誰也不願意先轉身，就徹底地分個乾淨。

世上沒有從不吵架的情侶，如果鬧了意見就要分手，那愛情還有什麼意義？每個人都有自己的個性，沒有百分百默契的情人，難免會在相處的過程中有了爭論，如果一言不合就抹殺兩人之前的愛情，那麼，這樣的愛情也未免太草率了。

有些話，吵架的時候真的不能說，一旦說出口就難以挽回。很多女孩明明是不想分手，卻會因為一時衝動、一時賭氣而說分手，假戲真做，最後弄得黯然神傷、痛苦不已。要知道，大多數男人面對女人一句決絕的「分手」，是會當真的。多半他會先問你：「你想好了嗎？沒有其他辦法可以解決了嗎？」女孩眼睛都不眨，「沒什麼可說了，分吧！」「那好吧，既然你都想好了，就依你吧。」事後才知道，自己一時嘴快，換來久久的心疼。

沒錯，說分手的剎那會有一種報復的快感，覺得自己很有風度很有面子，覺得表現得不在乎是很酷的行為，但是，分手真的就會快樂嗎？分手真的是最好的選擇嗎？如果大家都各退一步，把不該說的話嚥下去，是不是愛情就不會走到覆水難收的盡頭？畢竟，哪個人談戀愛是為了要等一個分手的結果呢？每個人都渴望天長地久，那又為什麼要做出損人不利己的事呢？

人生最痛苦的事情之一，莫過於失去自己深愛的人，如果因衝動分手而失去，那就太不值得了。相愛的男男女女，有些話真的不要逞一時之勇，如果還愛著對方，如果還在乎對方，就不要裝做一副無所謂的樣子，千萬不要開分手的玩笑。

分手並不是解決問題的辦法。成熟理性一點去面對兩人之間的差距，試著在有情歲月中慢慢地尋找兩人相處的平衡點，才是讓愛情歷久彌新的正確方法。千萬不要在心中還有愛時，衝動地說要分手，因為，那將會是一生難以磨滅的遺憾。

美麗讓男人停下，智慧讓男人留下

有一些女人說，男人總是喜歡漂亮女人，如果你夠漂亮，那麼他們見到你就走不開了。真是這樣嗎？問題是你漂亮成什麼樣才足夠？即使是性感漂亮的瑪麗蓮夢露，不是照樣被男人辜負？美貌的確能吸引男人的眼光，可真正能夠拴住男人心的往往不是最漂亮的女人，而是最有智慧的女人。

任何女人都不只是希望男人的眼光停留在自己身上，更希望能夠得到他們一生一世的愛，為此，光有漂亮的臉蛋是不夠的。有一個女人，非常在乎男人對她的評價，她長期過著入不敷出的生活，節省一切開支，但是卻大方地把錢花在名牌時裝以及髮型上，辦公室裡任何一個男人，只要對她稍微冷淡一點，她馬上就關注到了；同樣，任何人哪怕是一個毫不相干的人，在飯桌酒局上誇她兩句，她立刻眉開眼笑。她在女人面前極富攻擊性，但是到了男人那裡，卻溫暖、機智，甚至還有點幽默感，雖然她的幽默是反復練習和背誦的。你能觀察到她的情緒，在一個場合，假如她不能吸引到更多的男人，那麼她就會不高興。

作為女人，內心深處是渴望男人關注的，既然這樣，女人何必要否認這一點呢？生活中，女人很在意男人對她們的感覺，沒有哪個女人會以天下男人遠離自己為榮，以天下男人喜歡自己為恥。

然而，要留住男人的心，光有美貌是不夠的，要不電影裡的女人個個美麗，但愛情的悲劇卻不斷重演，男人總是被她們吸引，卻又都紛紛離開，不是因為她們不夠漂亮，而是愛情的經營實在是需要多種元素的配合。

男人，尤其是好男人，實在是太挑剔了，他們見過的好東西太多，所以他們就不願意委屈自己，將就自己。他們在美麗的女人面前停下，然後在他們視覺疲勞以前，你必須讓他發現你其他方面的優秀之處，才是長久之策。

3. 解開女人一生愛的難題

好男人都到哪裡去了？

一到合適的年紀，待嫁女就開始紛紛撒網，試圖找到一個好男人。可是男人如同過江之鯽，數量眾多，但是偏偏都不上鉤。當你好不容易將他拖上岸後，他卻開始發臭。為什麼待嫁女的尋愛之旅總是事與願違？為什麼本想釣到一條又肥又大的石斑魚，可掛在魚鉤上的卻是條不起眼的小鯡魚？好男人都到哪裡去了，為什麼在你的生活中一個都遇不到？

以上恐怕是單身女人最想問的問題，而歸納起來，其實就是一個問題：為什麼女人總也遇不上好男人？記得一個朋友說過：一次兩次遇不到好男人可以怪男人，可是總是遇不到就要問問自己。所以女人在責問命運、責問男人之前，應該先做一次深刻的自我檢視，從自己身上找一找遇不上好男人的原因。

當女人尋尋覓覓，卻在人海之中依然感到冷冷清清，最終淒淒慘慘戚戚的時候，是否認真想過，是自己沒有從合適的場合中去尋找好男人？

酒吧裡男人多，而且都有一定的經濟實力，並且談笑風生，風度翩翩。穿著多半也比較入時，看起來就讓人覺得賞心悅目，再和他喝兩杯酒，很可能你就會想以身相許了吧？不過這時候你還是得清醒一些，畢竟光看一個人的外表、和他說說話，是分辨不出好男人和壞男人的，如果這時輕易將對方歸了類，那麼你就將自己陷入了對方的圈套中。

並不是說好男人必定不在酒吧裡出沒，只是在那些魚龍混雜的地方，妄想憑藉自己的魅力釣到一個金龜，真不是明智之舉。

什麼樣的男人算是好男人？每個女人都有自己的標準，而且這些標準都不會低。「一貫有錢，二目有神，三餐有節，四季不懶，五穀皆食，六欲不張，七分忍讓，八方交友，酒少菸斷，十分坦蕩。」這段有關好男人的「十字歌」，不但委屈了男人，也委屈了女人。很多男人恐怕再怎麼改變，再怎麼控制，也難做到如此的十全十美，而女人們拿著這樣的標準去找男人，最後往往也都要撲空。

男人是人，不是神。在傳統的父權社會裡，男人被誇大成了完美無缺，高高在上的巨人，女人們從小在描述男人的謊言中長大，自然要去尋找和想像中一致的對象，但只有在經過多次的失望之後，女人才會知道，世界上沒有巨人，只有男人。

所以要找好男人，不能用完美的標準去要求對方，要允許他有缺點，要允許他偶爾犯錯，要允許他改進並且始終有改進的空間，否則女人將在謊言中孤獨地老去，至死都抱怨不見好男人蹤影。

分清男人的喜歡和愛

女孩子在面對自己心儀的男人時，常常把對方某些不尋常的行為，當做是愛自己的表現。大多數時候，他可能的確對你有好感，表示喜歡你，但這離真正的愛還很遠。聰明的女孩一定要明白這一點，分清男人的喜歡和愛，不要在付出了自己的真心之後卻換來離別的背影。

男女談戀愛的時候，並不一定是真愛對方，有的人只是單純想談個戀愛而已，因為他們還沒有碰到心目中的白馬王子（或白雪公主），所以，在周圍人中適當地找一個，先開始一段戀愛再說，你的戀人也有可能是這種情況。

那麼，怎樣才能知道對方到底是不是真的愛自己呢？很簡單，那就是用行動說話。

如果一對戀人在街上逛街，女人說「那個包包真好看」，那麼，一般男人就只會以為：自己的女朋友真的喜歡那個手提包。相比之下，稍微有點經驗的男人就會猜想：女人說這話是什麼意思？到底是要男人給她買下手提包，還是在考驗男人的審美觀？另外，男人在戀愛的時候，不像女人一樣喜歡玩「愛情遊戲」，男人在戀愛中的行動和表現，基本都代表了他的真心。

如果男人真的因為不可控制的原因放了女友鴿子，那麼，男人肯定會非常急於用別的行動來彌補，並以此告訴女人自己依然愛著她。男人不想讓女人因為一些小事，如放鴿子的事，而懷疑男人對女人的愛情。

有些看起來很聰明又很酷的女生，她們跟自己男友在一起的時候，極力用各種理由解釋他們很恩愛，儘管從旁人的角度看，男人很明顯地不是那麼愛這個女人。看一看周圍吧，有很多女人堅信，對面那位跟自己一起約會、吃飯，關係維繫好幾個月的男人，是很喜歡自己的。

如果你想檢驗自己的男友到底愛不愛自己，只要看看你的男友表現愛情的方式就可以了。看男人表現愛情的時候，是否只是在吹牛，而沒有真正付諸實際行動。

男人是屬於「解決問題型」族群的，所以，他們想要表示好感的時候，一定要看到物理變化才能滿足。

光靠嘴上說說「對不起」、「我愛你」之類的話，根本就不符合男人的本來作風，如果他沒有信守諾言，就是他不太愛你的表現。至於你準備要與他結婚的那一位，如果你發現他對你的愛並不能算合格，那麼我勸你還是儘早做出決斷。要嘛制定一套戰略讓他更愛你，要嘛乾脆找一個更愛你的男人。

越戀越不婚

身邊常常有一些男女，在經歷了七八年的愛情長跑之後，失去了結婚的勇氣。戀愛時被沖昏了頭的女孩子，真正到了結婚的關頭卻是異常的冷靜：「我真的要嫁給他嗎？他會不會做對不起我的事？」、「我真的喜歡他嗎？還是習慣了和他在一起？」、「他目前看來很不錯，可萬一以後遇到更好的怎麼辦？」

如今一群患上「婚姻恐懼症」的女人出現在社會的各個角落，她們把婚姻看做銅牆鐵壁、深不可測的圍城，甘願在城外搭帳篷，打死也不進「城」，這不得不讓男人們感到詫異。

美國明尼蘇達大學心理學教授大衛奧爾森指出，懼怕結婚的現象在全世界都能找到，在美國也有許多人害怕結婚。曾經有一部電影叫做「落跑新娘」，講的是年輕女子瑪琪一直希望能有一個屬於自己的家庭，但又害怕婚姻，她曾有三次在婚禮上因為婚姻恐懼症而逃婚的經歷，作家艾克聽說這件事後，將這個話題寫成專欄，將其冷嘲熱諷了一番，正準備與第四任男友步入結婚禮堂的瑪琪因為這篇報導大感難堪，於是再度逃婚……

雖然這是一部充滿喜劇色彩的影片，但從中反映了結婚恐懼的現象已經漸漸成了都會女性的通病。那麼，究竟是什麼原因使她們始終徘徊在婚姻的大門之外呢？經過大量的調查發現，這些患有「婚姻恐懼症」的女人普遍存在以下幾種心理：

1. **對婚姻失去信心**：這部分女性多數屬於都市白領階層，她們領著不低的薪水，過著單身貴族般的生活，由於她們已然完全擺脫了經濟的束縛，所以對於婚姻的看法更為淡薄。她們已經厭倦了上一代的分分合合，不想再重蹈覆轍，她們認為，假如沒有「合」，就不會有「離」，所以乾脆不結婚。

2. **擔心不被男方家庭接受**：中國人一般講究「門當戶對」，一般寒門女子嫁入豪門都會心驚膽戰的，即使各方面都非常出眾的女性，還是會擔心不被男方家長、及至家族接受，所以乾脆不婚，一個人過也挺好。

3.擔心婚姻會成為愛情的墳墓：恐婚的女人說：「愛情使人睡不著，婚姻使人打瞌睡；延長愛情的唯一方法，就是推遲結婚的時間！」她們認為，一旦套上婚姻的「枷鎖」，浪漫的愛情就會被柴米油鹽抹去，因而寧可選擇做情人，也不想做夫妻。

4.不想擔負婚姻的責任：恐婚的女人說：「青春短暫啊，我可不想把有限的青春投入到無限的家務與為他人服務之中。」事實上，她們是不想承擔婚姻的責任。她們覺得，一旦結婚就意味著與另一個人的關係確立了，要從此擔負起一個妻子的責任，要對這個家庭負責，而這種對家庭的付出很有可能要犧牲掉很多個人的東西，這是她不希望看到的。

5.父母婚姻的負面影響：有些女人不想結婚是因為從小受到父母婚姻失敗的影響，心理產生了陰影，害怕一旦結婚，會走父母的老路，把生活搞得一團糟。

6.社會因素：由於離婚率愈來愈高，小三、劈腿等現象眾多，讓未婚女人的心理產生陰影，認為如果結婚會遇到這種情況，還不如不結婚，因此對婚姻產生恐懼。事實上，恐婚女人都是一些理想主義者，她們期待的是一種完美的生活，她們之所以對單身生活抱殘守缺，是已經把這種生活視為常態，因此婚姻生活對她們而言就顯得災難深重。

美貌不是男人擇偶的首要標準

男人都愛美女，女人越漂亮就越受男人歡迎，這是毋庸置疑又無可奈何的事。那麼，是不是每個男人都想娶個美女回家呢？答案卻並不是肯定的。許多男人結婚並不那麼看重外貌，事實上，那些儘管長相普通，但是肯做家事、脾氣好，又真心真意地愛自己的女人，才是男人的首選。

現實生活的複雜性，造成了男人在面對婚戀問題時感性與理性背離——戀愛時追求激情與性感，結婚時依據理性與現實。總之，在社會上受過嚴格鍛煉的男人，對於結婚，不像女性那樣總抱有不切實際的夢想，而是以冷靜的目光觀察自己的周圍，為自己物色合適的對象。但有一點必須注意的是，有些男人往往戀愛時說的是一套，實際生活中做的又是另一套，特別是在未婚妻能否與自己雙親和諧相處、能否認真地照顧家庭這些方面，男人的想法往往是很保守的。

在現實中，由於雙親反對而解除婚約的例子也不在少數，相形之下，在這方面男人比較顧忌周圍人的評價和反應。他們會覺得：即使不顧父母的反對與某個女人結婚了，以後夾在父母與妻子之間，日子也不好過。

男人這種保守與現實的心態，與其扮演的社會角色有很大關係。娶一個八面玲瓏的女人，十分有利於事業發展；上司的「你老婆人挺不錯嘛」之類的讚譽，不僅僅是誇獎其妻子，還暗含著肯定丈夫的品味。出於種種考慮，男人在選老婆時普遍認為：長相普通但有教養的女子，要遠遠勝過那些僅在外表上吸引人的女人。

另外，男人不想娶漂亮女人還有一個潛在心理，那就是「男人娶美妻變得沒出息」的觀念。他們認為，男人如果娶了漂亮老婆的話，他的一生就注定是個失敗者了。當然，這也不無道理。長相漂亮的女人往往有優越感，認為男人娶了她是「高攀」，所以婚後要求男人無微不至地照顧她，千方百計滿足她無休止的、甚至不切實際的欲望。這樣，男人生怕冷落美妻，便在她面前有求必應、唯唯諾諾，幾乎變成她的附庸，自然也就沒有多少精力用在事業上了，結果便是碌碌無為、毫無成就。這實際上又造成了老婆離開他的潛在危機，豈不是「賠了夫人又折兵」？

並且，男人娶了美妻之後，便容易成了「守妻奴」，擔心她招蜂引蝶、移情別戀。他一方面會感到很得意，另一方面也時常會有莫名的不安，他擔心有朝一日她離開自己而憂心如焚，所以花在工作上的心思也就大為減少了。

總之，與女人相比，男人對待婚姻確實更為現實，在促使其決定結婚的因素中，現實的因素多於愛情，因此，他們往往不會把女人的相貌擺在最前面的位置。

好男人也會變

女人一次次地在失戀的時候抱怨沒有好男人，但又一次次地重新陷入甜蜜的愛情，而且每次都很高調，每次都宣揚自己覺得幸福。這不是因為女人沒有記性，而是因為每次女人開始新戀情的時候，的確都以為自己找到的是好男人。她們沉浸在找到好男人的喜悅中，陶醉在自己終身有靠的幸福感中，卻忽視了一個重點，那就是好男人也會變。

有時候男人變壞，是因為把女人追到手後，就開始放棄嚴格的自我管束，開始顯露出本來的面目。很多女人對感情太投入，不管是一開始被人追還是追別人，一旦男人開始表示喜歡上了自己，就把一切毫無保留的付出，對男人死心塌地，就怕別人說自己不賢慧，直到把自己弄成老媽子才發現，男人喜歡的是追逐的過程，這是雄性的本能。不費吹灰之力得到的東西就沒有了新鮮感，死心塌地讓他們畏懼。

相反，男人愛的是若即若離，女人的過於投入讓他們覺得不夠刺激，更重要是沒有了成就感。

所以要知道一個男人好不好，是需要長期考察的。如果僅憑第一、第二印象就輕易做出判斷，那麼之後失望也是在所難免的了。

女人知道要找好男人，卻一次次地被壞男人俘虜。到底什麼樣的男人更容易追到女人？是恭敬有禮、木訥老實、不善言談的君子，還是風趣幽默、會討女人歡心、俊俏開朗的浪子？我想大多數女人明知是前者，但還是不由自主地傾向後者。

太多女人過分執著於相貌。常言道，帥哥靠不住，以前總覺得這是對部分帥哥的偏見，但是等到老了才發現，這是真理。當好男人出現在面前，而在外表上不符合女人要求的時候，就已經被女人的審美觀攔在了千里之外。縱觀那些把女人迷得深也傷害得深的男人，多數是被定義為帥哥的類型。說白了，都是花癡惹的禍。

而太多女人又都太軟弱，當男人開始對女人表示厭倦時，除了自怨自艾地想：沒了他我怎麼辦？我還能去找誰？當女人以為自己的一切都給了他，只能靠他活著的時候，女人就已經輸掉了自己。也許臉上還表現得很堅強，但心裡脆弱得卻像豆腐渣。這時候的女人輕易就忘了，只有先愛自己，別人才能愛我們。而一次次地讓別人在我們心上劃刀子，蜷縮成一團來表現女性的柔弱，實際上是給了男人再一次看輕自己的機會。

太多女人太寬容，當發現身邊的他實際上是個壞男人的時候，下不了離開的決心。男人是世界上最會撒謊的動物，當我們表示已經跟他們玩不起，如果他們沒有其他人選，就會開始表示懺悔，表現痛苦，甚至還會擠出幾滴鱷魚的眼淚。於是女人的心又被融化了，主動給男人找理由開脫，卻沒有意識到毫無底線的寬容就是縱容。還沒等男人懺悔完，女人就已經乖乖回到了他們的懷抱，這樣怎麼會有機會重新找到一個真正疼愛女人，關心女人，真正負起責任的好男人？

其實社會上有許多女人是幸福的。她們無一不是現實得很，堅強得很，絕情得很，視男人如玩物。女人其實應該問問自己，我們年輕漂亮，學歷高，收入穩定，我們憑什麼要整日為了壞男人哭泣？在哪兒跌倒就在哪兒爬起來也許並不明智，或許換條路走一走，還可能有幸福降臨到我們身上。

壞男人總有好理由

桃花不斷的壞男人似乎天生就有一副好口才，當你正得意抓住了他的小辮子，他早就準備好十幾個理由應對你的質問。男人從沒有停止過說謊，如果有個男人告訴你他沒有說過謊，那他這句話本身就是謊言。不過，相對於女人來說，男人的謊言大都掩藏在莊嚴、正經的面目之下，所以乍聽起來很「真實」。這就讓我們在識破壞男人的謊言時增加了難度，不過沒關係，只要掌握了男人一些基本說謊的心理，揭開他們的謊言外衣並不難。

在日常生活中，男人的謊言已形成具體的套路和模式，只要他們一說到這種話，我們可以馬上懷疑它們的真實度，判斷他們是否在撒謊。比如：「幾小時前我給你打過電話，占線（或你不在）。」這類小謊一般是男人的藉口，當他忘了給你打電話，或者約會遲到，或者沒能在晚餐之前買回排骨、蔬菜時，為了避免你的嘮叨，他會找個理由來應付了事。

如果說前面這些謊言是男人們不自覺說出來的，多少還帶點真誠，那麼另一些謊言則是明知故犯，有意誤導你了。比如，他們平時大力提倡男女平等，說喜歡開放活潑的女人，但如果你在認識他一個月內就與他上床，儘管是他主動的，他也會認為你是個「不檢點」的女人。

如果男人對你說「我會找個時間和你約會」，卻沒有這樣做，他並不是忘記或遺失了你的電話號碼，只是不想再追求你或與你保持任何聯繫。

你長得胖，他說他就喜歡楊貴妃；如果你長得瘦，他就說喜歡趙飛燕，實際上他是在說謊。身體任意一個部位出了毛病，男人嘴上會說：「沒關係！」實際上心裡極度恐慌。

他們不願在公開場合聽到伴侶用親暱的稱呼叫自己，但背地裡卻喜歡你叫他的暱稱、小名，甚至像「甜心」這種肉麻的稱呼。

「我出去買菸，很快就回來！」實際上是他的手機出現其他女人發的簡訊，他想去打電話。對於不抽菸的男人，他會編出類似的謊言，很多時候他會用外出買東西等作為藉口。

「我在捷運裡，沒接到電話。」說類似臺詞的男生，大多是不想與對方在一起，又或正與其他女生在一起。為了不想被兩邊的女生知道還有另一人存在，因此不願接電話，而且他們還會把資訊刪掉。

男人說謊一般都與他隱秘的豔遇有關，特別是與性有關——無論是隱瞞性醜聞，還是開始性冒險。而一旦男人開始說謊，便一發不可收拾，直至後來自己也辨不出真偽。

如果他們不記得老婆的生日、結婚紀念日、孩子的生日，便會說今天老闆讓他去參加一個重要會議，沒來得及買禮物。

男人在說謊時雖然心口不一，但外在表現出來的卻是理所當然、輕鬆自如。比如，他們常說：「我風流但不下流。」

男人們認為能和辦公室的眾美女打情罵俏，進行一兩場「精神戀愛」，有三兩個紅粉知己，或者深夜在網上和一個化名性感寶貝的網蟲說一堆胡話，皆與色情無關，並且這還是他們津津樂道、證明自身魅力的資本。但自詡風流的男人，最後難免會有一個最落俗套的結局——和女人上床。他真的是「風流不下流」？就只有天知道了。

「我是一個紳士。」男人在公共場合，特別是有女士在場的時候，總是風度翩翩、紳士味十足，但在家裡，臭襪子塞在鞋裡一周也懶得洗；「我永遠忠實於你和家庭。」如今要找個絕對忠誠的男人比中樂透彩還難，男人說謊的水準和藏私房錢的經驗和心得，可以寫成一本書。他們還說：「情人如衣服，一輩子總要換幾件。」他肯陪你上街，是因為滿街都有美女可打量；他和你擁抱時，心裡嘀咕的是你的腰比一起跳舞的艾咪粗了一倍。

「我會用一生來愛你。」這話真讓人感動，不過它的存活期略長於曇花。這些男人很懂得女人的心思，並能很適時地迎合，他們是女人的愛情殺手，使用的武器正是無微不至的照顧和柔情似水的體貼。

壞男人總是有好理由，那些善於說謊的男人往往都是愛情騙子，面對真真假假、假假真真的各色理由，聰明的女孩可要有一雙超大解析度的慧眼，必要的時候揭穿他也不失為上策。

有種男人注定給不了你快樂

常常有些女人，明明有個把她捧在手心的男人，卻一心巴望著那個不愛她的男人。不是女人身在福中不知福，這就是愛情最真實的面目：你愛的男人或許會給你帶來痛苦，但是你不愛的男人永遠給不了你快樂。

「愛我的人為我付出一切，我卻為我愛的人流淚狂亂心碎……」多年前的一首老歌，現實中，這樣的故事一直在不同的人身上反復地上演著。多少女人在愛與被愛之間輾轉反復，傷心欲絕。

於是，有人說，戀愛可以找個你愛的，結婚一定要找個愛你的。

嫁個他愛你，而你又愛他的，謂之上策；
嫁個他愛你，而你不愛他的，謂之中策；
嫁個他不愛你，而你愛他的，謂之下策。

的確，作為一個女人，如果嫁給一個不那麼愛你的男人，他只會享受你的愛、你的付出，並不會在乎你為他所做的一切。他會認為你為他做再多的事都是應該的，他甚至會認為他跟你在一起，就是對你最大的恩賜。愛應該是雙向的，雖然說愛一個人是欣賞對方的優點，也包容他的缺點，完整地接受，而不是要求對方完美的表現。但是，對於一塊石頭，對於一個任憑你用多少熱情、多少柔情也感化不了的人，你還能指望他疼你、愛惜你嗎？你付出的一切都沒有回報，你所有的歡樂與痛苦都要一個人默默地承受，試想，這樣的單戀是你原本想要的嗎？傻傻地愛得忘了自己，你會因為他的開心而開心，因為他的悲傷而悲傷；你常常會不自信，會擔心配不上他，而不斷地改變自己，努力使自己變成他所喜歡的樣子。

於是，很多女人相信，嫁給一個愛自己的人是幸福的，即使他並不是你最愛的人。在他的面前，你可以肆無忌憚地撒嬌，可以任性地做任何想做的事，盡情地放任自己，因為無論如何他都會寵著你、順著你、遷就你、包容你。其實，僅僅被愛的日子很無聊，無論男人還是女人，面對一個你不愛的人，是無法付出同樣的愛，而不付出的那個人是不會幸福的。心裡明明想著另一個人，卻要和一個不愛的人朝夕相處，你會幸福嗎？

女人心裡對愛情的渴望遠遠超過男人，嫁了一個自己不愛的男人，總會不甘心。有多少女人，在結婚多年以後，仍然忘不了自己心裡的那個他，那個人不出現就罷了，倘若哪天又重新出現在女人的生活裡，一場風波也就無從避免了。

當愛與被愛無法調和的時候，不妨暫時擱置。無論如何，不要委屈自己和一個不能給你快樂的人湊合著過一生。

男人的哪些承諾不要太當真

熱戀中的女人，對於男人的種種諾言都願意當真，相信他所描繪的願景，然後一心一意地滿懷著這些期盼走進婚姻的殿堂。往往，也就是這樣的女人，受傷之後會大罵全天下的男人都是騙子，只是因為男人的那些話她太當真。對待男人的愛情要認真，對待男人的諾言最好不要太認真。

世間有三樣東西不能輕易相信：男人的誓言、甜言蜜語及男人的理由。雖然說女人應該傻一點才幸福，可這只是聰明女人裝傻給男人臺階下而已，事實上，真正聰明的女人絕不輕易在甜言蜜語中迷失方向。

有句話說：「相信男人婚前的誓言，不如相信政客的謊言」，男人對女人的諾言，有時候只是一種敷衍。對於婚前男人所說的話不要太過於信賴，男人有一種天性，當他為了要和你在一起，他會答應你提出的任何條件；更不要相信信誓旦旦的男人，這樣的男人最不可靠。

有個二十多歲的女孩嫁了人，結婚前她丈夫為了得到她，寫情書、託朋友，並在眾朋友面前說他這女友和他是天造地設的一對，是他的最佳拍檔。結果婚後他以如下理由說她和自己性格不合：一是她要他幫忙做些家事，他說他成長在優渥的家庭裡，過慣了「茶來伸手、飯來張口」的生活，埋怨她不懂他；二是她讓他有空時和她聊聊天，他說他是那種喜歡「此時無聲勝有聲」的人，抱怨她煩著他；三是他工作忙，平時已沒什麼時間陪她，妻子很想他有時間時在家陪陪她，誰料他說：兩情若是長久時，又豈在朝朝暮暮，他甚至還抱怨她是浪費時間，尤其難以容忍的是他喝醉了睡在地板上，她心疼地把他扶起來，他卻說性格不合，本來他很想躺在地上，而她偏要扶他，直把她氣得說不出話來。其實這位女子的丈夫是那種需要時才想到女人的男人，她嫁了個這樣不近人情的丈夫，周圍的人也替她難過。

從來，男人就在結婚前騙女人說：「結婚後不會讓你做一點家事。」或「結婚後，我一定什麼都聽你的。」可是，能遵守這一諾言的男人，恐怕連萬分之一都不到。女人之間聊天時雖口口聲聲說，「誰會相信那種謊言」，但是，當女人真的聽到這句話時都會很開心，至少男人在說這句話的那一瞬間是真心的。

難道所有的男人都是拿話來騙女人嗎？應該不是。有些男人在說這些話時可能完全是出於真心，但人的心境和處境隨時都在發生變化，所以有時候真的是無法遵守自己的諾言，更何況更多的男人在向女人承諾時根本沒有經過大腦。

因此，輕易相信男人口頭許下的諾言，期待它們都能實現，這種想法本身就不實際。等到婚後才大喊男人騙了自己，早已於事無補，與其如此，不如一開始就理性對待男人那些天花亂墜的婚前誓言，可信則信，不可信的，一笑置之就好。

4. 火星女與金星男的PK

特別的女人才能獲得男人特別的愛

每個女人心中都有過「白馬王子」的夢想，高大帥氣、成熟穩重、深情又專一、有能力又顧家，這樣的男人不知曾多少次出現在女人的夢裡。且不說這樣的男人究竟是否存在，即使有，也不是普通女人能得到的。說到底，什麼樣的女人配什麼樣的男人，如果女人想嫁個好男人，請別忘記，男人也有大腦，有心有肺，他們會任憑自己的下半生陰晴不定，隨隨便便找一個人就娶了嗎？不會的，他們也會精挑細選，直到碰到了自己想要的那一位，才會安安心心地走進婚姻的殿堂。那麼，現在就讓我們看看優秀的男人都喜歡什麼樣的女人吧。

1. 漂亮迷人：所謂漂亮包括三個方面，一是容貌秀美，一是身段婀娜，一是裝扮得體。男人是視覺的動物，絕大部分男人理想擇偶條件的第一條就是漂亮，雖然不是每個男人都有這等福氣，但男人喜歡漂亮女人卻是不爭的事實。

2.柔情似水，賢慧端莊：一個知書達理，賢淑端莊的女人是家庭和諧的潤滑劑，家有好兒媳，家道必盛，家業必興。一個男人若能娶得一位溫柔勤勞的妻子，將是莫大的幸福。

3.像一匹難以駕馭的野馬：奔放、瀟灑、熱烈、不羈，讓你聯想起一切濃烈和快節奏的感受。她的心太大也太高，凡俗瑣事便一概被她忽略掉了，但骨子裡的性感和精神上的細膩卻揮之不去。

4.物質與精神的雙重貴族：她從不因為物質的滿足而放棄精神的追求，相反是物質基礎使她更有實力建構自己的精神世界。她洞悉一切的成熟，使她在亦莊亦諧中遊刃有餘。

5.一個容易滿足的女人：她對生活的要求並不太高，喜歡輕鬆、愉快、富足地活著，不願意有壓力和波瀾，安於現狀和樂觀的天性使她能夠將青春延續，且她單純而敏感，有較好的人緣。

6.女人中的女人：她既古典又浪漫，充滿誘惑又不邪惡，美是她的理想。世俗生活離她那麼遙遠，彷彿她來到這個世界，只為做一個女人。

花心男的應對妙招

愛情的路上，遇上浪漫又專情的男人恐怕是女人最大的運氣，大多數女人都免不了要遇上多情又花心的男人。花心男人假如屢屢得手，必然是有恃無恐越發張狂，同時，越來越把女人當傻瓜。所以，儘早識破花心男人，既可維護社會安定，也可維護女人尊嚴。因此，女人如果碰上花心男人絕不能心慈手軟、姑息養奸。

無論如何，花心男人是女人幸福的一大致命傷，花心男人帶給人的不幸遠遠大於他帶給人的激情享受。如果不幸被你遇上，基本的應對之術是必要的。

1.看他對你突然去他家的反應：如果他是花心男人，他一定不情願帶你登他的家門，即使你要求他這樣做，他也會支支吾吾地拒絕。你可逕自到他家樓下，打電話給他，說是逛街恰巧路過，然後要求上門拜訪他的父母。如果他驚慌失措地出言拒絕，那一定是心裡有鬼，即使不是花心，也是難以信任的，和他交往還是小心為妙。

2.看他在公共場合對你的態度：花心男人只會在和你獨處時百般親熱，甚至提出越位的要求，而在公共場合他會裝出一副謙謙君子模樣，和你保持距離，更不會把你當做女友介紹給他的朋友。如果你們在一起時恰好遇到他的朋友，你應要求他為你介紹，注意他介紹你時使用的稱謂及他的表情。此招若不靈，就找機會在他的朋友面前和他做一些親暱的舉動，看他的反應，要是他的朋友知道他和別的女人有染，他一定會狼狽不堪。

3.看他加班時究竟在哪兒：為了有時間和其他女人約會，花心男人經常謊稱自己工作忙，需要加班，或者應酬。你可以打電話到他的公司，看他是否真的在忙。這件事也可以讓好朋友去做，這樣更穩妥一些。如果結論是他說謊，那你就需要重新評估這個男人了。

4.看他是否固定時間和你約會：花心男人往往要多邊作戰，所以，他會儘量在固定時間和你約會，這樣才可以避免差錯與誤會。你可選擇一個你們不常約會的時間，不打招呼，突然出現在他面前。如果他一臉驚喜，說明他深愛著你，隨時期盼你的出現；如果他露出尷尬或驚慌的表情，那你就知道是怎麼回事了。

5.看他在你突然試探時的表情：剛和另一個女人鬼混完，來到你的身邊，花心男也許會心懷愧疚，因而，他會大獻殷勤，幫你洗衣服做家事，或送你小禮物。你可向他表示感謝，和他纏綿一番，在他自以為高明的時候，在他耳邊輕聲地說：「昨天，我的一個朋友看見你……」如果他心裡有鬼，他一定會急促地問：「看見我怎麼了？」此招屢試不爽。

6.看他的收支狀況及消費憑據：花心男人也不容易，這是一件很花錢的事，所以，即使他的收入不是個小數目，他仍會不時地囊中羞澀，因而偶爾表現出與他收入不相匹配的吝嗇。你不要出言詢問，只須默默觀察，注意他錢的去向。如果近期無大件的購物消費，而他的錢包卻空得很快，就有必要查一查。或許，他的口袋裡有消費收據，若是那種特別適合男女約會的場所，真相不言自明。

7.看他的喜好是否經常改變：男人很容易受身邊女人的影響，從而選擇不同類型的衣服及配飾，一旦他突然改變了習慣，很可能就是有了別的女人。你可以買一串項鏈給他，囑咐他時刻都要戴著，如果他跟別的女人約會，就一定會摘下這串項鏈，你只需靜靜觀察。

8.看他的手機狀態及接聽方式：和女人約會的時候，如果另一個女人打電話來，是一件令人頭疼的事，所以，花心男人都會把手機鈴聲關掉，改為振動。在和你約會的時候，如果他的手機沒響，卻一個人溜到陽臺接電話，他多半有不可告人的事情。找機會留心一下他手機上的留言與電話，或許會有所發現。

9.聞他身上殘留的香水味道：女人一般都有自己鍾愛的香水品牌，所以，如果有一天他的身上殘留著你陌生的香味，那他就很可能與別的女人有染了。花心男人會刻意隱藏身上殘留其他女人的香味，如果你發現他違反一貫的懶惰習慣，把剛穿不久的乾淨衣服換掉，或者乾脆拿去洗，那就肯定有問題了。

10.看你周邊女人對他的關心度：據調查，花心男人常常與你相熟的女人鬼混。花心男人很狡猾，有時候偽裝得很隱蔽，令你無從發現，但從你相熟的那個女人身上，卻往往很容易發現破綻。女人都有一種獨佔欲，和別人分享同一個男人是一件痛苦的事，所以，你會在一些小事上發現，她對花心男人細心而溫柔，對你卻躲躲閃閃，留下幾個並不怎麼美麗的白眼。顯然，這其中大有問題。

挑戰成功男人的愛情

無論時代如何改變，有兩種男人始終是女人心中的「獵物」：有錢的男人和成功的男人，而較之前者，後者似乎有更多的吸引力和誘惑力。因為僅有錢並不意味著成功，而一個成功男人必定有其不菲的「價格」；其次，隨著素質和品味的深入人心，層次的高低也成為新女性十分在意的「標籤」。當然，成功男人的智慧及人脈，對女性的成功能有一定的提攜作用，這也是女人們看重的。女人透過征服男人來通往成功，也算是找到了一條捷徑。

若想找這樣的男人做老公，必須先瞭解他們的特點。

成功男人會有自己的目標。目標是成功的藍圖，也是成功的動力，但同時，有目標的男人也會有過分理智的缺點。若你愛上了一個成功男人，你在愛上他的成功時，也要接受他的理智。你要明白，即使他非常愛你，作為女人，你也不可能成為他永久的目標，你「俘虜」他時，他又會從浪漫回歸理智，你在成功男人的懷中時，他也許正在想著事業，事業才是男人永遠的愛人。

成功的男人有毅力。成功的要素不在於智慧，而在於毅力，一個成功男人更是如此。栽了跟頭的男人並不可笑，滴著血爬起來向前衝是男人成功的關鍵。愛他的成功時，更要愛他重新爬起來的勇氣。但是毅力有時很像固執，要小心區分！

成功的男人有進取心。對普通男人，進取可能是由於某種壓力激發的，對一個成功男人，進取則是天性。然而，一個自覺進取的男人可能會永不滿足，表現在事業上他們的追求永無止境，表現在感情上是易於喜新厭舊。若你想嫁給一個成功男人，你先要不斷進取，把自己造就成一個充滿誘惑的新人，同時還要有達觀的恬靜和寬容的胸懷。

成功的男人享受孤獨。通常，成功的男人都耐得住孤獨，也唯有經過孤獨洗禮，才能挖掘出自己最優秀的潛能。所以，一個成功男人必定是一個耐得住孤獨的戰士，若你愛上了這樣一個戰士，你得明白：你耐得住那份孤獨嗎？有人說，女人與男人像戰爭中的雙方，只有瞭解男人心中所想，才能有獲得幸福的優先權。

成功的男人渴望交流。女人的交流多是具體的，男人的交流多是抽象的；女人感興趣的多半是事情的內容，男人感興趣的多半是事情的本質。成功男人的智力大都高於一般人，有時他們的思維是跳躍式的，他也希望你和他的交流能達到同步，即交流不在說什麼，而在於聽得懂。

成功的男人需要理解。低層次理解只是一般認可，高層次理解則是認同加讚美。對一個成功男人光認同是不夠的，對他的理解應是多層面的，因為成功男人的涉獵面非常廣泛，對理解的要求也非常高。外面的風雨已使他疲憊，你的廣泛而深入的理解，才是他最願停泊的港灣。

成功的男人渴望自由。自由是男人的嚮往，更是成功男人追求的最高境界。女人認為「生命誠可貴，愛情價更高」，男人則認為「若為自由故，兩者皆可拋」。成功男人之所以追求更大的成功，因為更大的成功能給他帶來更大的自由。

成功的男人渴望柔情。不要以為男人很堅強，有時他也會像孩子般的脆弱，尤其在成功男人落難之際，飽含力量的女性柔情不但是男人的避風港，更是他奮起的信念。

挑戰成功男人的愛情，其實並不難，只要找到他們的個性密碼，就能四兩撥千斤。勇於挑戰的女人們，充滿自信地上路吧！

遇到優質男，先下手為強

在我們的身邊，總是有那麼一些各方面條件都優秀的女孩，至今單身一人，她們也嘆找不到好男人，在父母的催促下開始一次次地相親。是月老把她們遺忘了，還是把原本屬於她們的優質男不小心牽到了別人手上？這些優質女的心中充滿了疑惑。愛情是一場智慧的博弈，要想在這場愛情遊戲中大獲全勝，首先就要懂得把握機會，主動出擊，否則，即便你再有智慧，也只能步入「剩女」的行列了。

剩女之所以「剩」的真正原因不是上天捉弄，而是因為她們自己沒有把握住愛情，沒有積極抓住身邊的愛情機遇。在眾人眼裡，她們是天之驕女，她們也認為自身條件十分優越，對白馬王子的要求自然比一般人高出許多，有時甚至是照著完人的標準來選擇愛情伴侶。她們認為鳳凰不能與雞配，凡夫俗子入不得她們的法眼，在心儀的優質男面前卻又保持羞答答的傳統，怯於表達愛意，苦等對方追求，最終眼睜睜任愛情和自己擦身而過，空留一聲嘆息。

愛情市場裡也要遵循「先下手為強，後下手遭殃」的原則。在身邊優質男雲集的時候，趕緊從中挑出自己的那一個，才是愛情幸福的王道，別等到別人把優質男都挑走了，你才痛哭上天對你如此不公。要知道，幸福是要靠自己去爭取的，優質男是要小女人自己去抓住的。

女孩在二十多歲的時候，青春美貌正當時，是抓住優質男的最佳時期。當男人二十多歲的時候，剛離開校園步入社會，羽翼尚未豐滿，還算不得一支績優股，但已經顯出潛力股的徵象。女孩這時就要把握機會，抓住一支潛力股男人，共創美好的愛情。二十多歲，事業剛剛開始打拼的男孩們一個個情竇初開，經驗淺薄，他們不僅沒意識到自己可以等，還不知道自己可以隨著等待進一步升值，他們所想的就是事業剛起步的孤獨和艱難，需要另一個人共同分擔。他們渴望有一個溫柔的女性可以撫慰他們內心的寂寞，緩解自己的疲乏，陪伴自己迎接人生將來的挑戰，分享生命的榮耀，這時就是他們最脆弱，最容易被攻陷的時候。所以聰明的小女人，應該趁著他們尚未回過神來就先下手為強，趕緊物色一個，否則到了三字頭的年紀，就不會再有漫不經心的挑挑揀揀了，面對被挑剩的劣質品，你只能欲哭無淚，哀嘆自己的境遇。

想入豪門，先掂掂自己的本錢

從商品經濟的角度來看，所謂「窈窕淑女，君子好逑」，窈窕指的是一個女人的品牌形象，淑女指的是產品品質，若非「窈窕淑女」，哪裡來的「君子好逑」？愛情也遵循市場經濟，執行的是等價交換、優勝劣汰的基本原則。即使追求浪漫的愛情，也不能好高騖遠，想贏大的，得先掂掂自己的本錢。

在有錢男人心裡，世界上只有兩種女人值得他費心討好，一種是千裡挑一的美女，一種是萬裡挑一的淑女。最讓男人無法容忍和痛恨的，是那些既不屬於前者，也不屬於後者的女人，竟然成天幻想著一個甚至多個有錢男人，只要她們點一點頭，就會神魂顛倒地拜倒在她們的石榴裙下。可事實上，有錢男人真的那麼好上鉤，嫁有錢男人就真的那麼好嗎？找有錢男人從某個角度來說，就像進商場買東西，一分錢一分貨，你手頭有多少本錢就買多少價位的商品，除非你運氣特別好，碰上特價促銷或是跳樓大拍賣，否則，正常情況來講，還是遵照經濟規律，進行「等價交換」為好。

現在的男人們從第一次見面起，就會對那種想依賴自己生活的女人避之唯恐不及，他們理想中的妻子是有穩定工作和收入的女人。男人的想法為什麼會改變呢？男人賺錢養家是一件很辛苦的事，假設一個男人大學畢業後順利地找到了工作，工作三、四年後到了結婚的年齡，憑著這幾年積累的那點錢能買到一間房子嗎？所以最後只能伸手跟父母要錢，但是父母為了養活自己的孩子，供他們上學，早已經把積蓄花得差不多了，甚至自己養老的錢都所剩無幾。因此現在的男人們想找一個可以一起賺錢買房子的老婆，過著各付各的生活。

要是你真正想當一個有錢人的話，就趕快把等待王子降臨的幻想丟掉吧！在家庭背景、學歷和經濟能力都不突出的情況下，成天夢想著王子駕臨是絕對不可能成真的，在個人經濟還不能獨立的情況下，灰姑娘的夢是不可能實現的。想要找到最好的男人，首先你得變成最好的女人，一定要努力提升自己，節省，存錢，還要慢慢自我增值。記住，知識能帶來財富，自信心能帶來好男人。

原來這就是喜歡

當你不愛一個人，你可以假裝愛上了他；而當你愛上了一個人，卻不可能裝作不愛他，因為你無法掩飾自己的愛。要判斷一個人是否愛上了你，很簡單，仔細觀察他無意中發出來的「信號」，你就能輕易探測出他是不是喜歡上你了。

1. **經常注視你：**在約會時，你偶然抬起頭來，發現他在默默注視著你，看見你看他，露出一個羞怯的笑容，或者迅速挑起話題轉移你的注意力，等你不注意時，他又重新開始偷偷看你，整個約會中總是有這樣的狀況。

2. **總是逗你開心：**剛開始約會的時候，可能每次都是你主動挑起話題，他總是傾聽的一方。漸漸地，你發現，不知道什麼時候開始，他學會了逗你開心，時不時地拋出幾個小笑話，或者是時不時和你打趣，和你鬥嘴。

3. **經常打電話給你：**無論你在上班，還是在家休息，或者在外和朋友逛街吃飯，都會接到他的電話，也沒什麼要緊的事情，就是沒話找話，試探著想要約你出去。

4. **開始關心你的一切：**他記得你的生日，會在那天送很特別的禮物給你；情人節時也會委婉地用禮物表達心意；經常送你愛吃的零食；開始打探你家人的情況；

開始約你去看你喜歡的電影；忍受陪你長時間逛街卻不喊一聲累。漸漸，你就發現他很自然地走進了你的生活圈子。

5.開始展現自己：在你面前他越來越健談，開始告訴你他的家庭情況、工作情況、朋友圈子，讓你也開始瞭解他的興趣愛好，目的在讓你走進他的生活圈子，拉近你們的距離。

種種的表現都在無言地述說著一個事實：他已經喜歡上你了。但他可能不確定你的態度，不敢直接向你表達，這時，你不妨推他一把，主動撞破這層曖昧的迷霧。

一個男人愛不愛一個女人，在生活中總有蛛絲馬跡可循。小女人別光顧著整理自己的愛情感受，一味地埋怨對方怎麼還不主動出擊，而要學會循著男人和你相處時表現出的小細節，開啟你的約會測試儀，它或許就會告訴你：恭喜你，這個男人已經喜歡上你了！

注意，此處有優質男出沒！

「剩女」總是抱怨：「我的工作環境不容易碰到男人。」其實，主要是她們沒有選對尋覓優質男的場所，那麼，哪些場合才是優質男的出沒地呢？

1.紅娘飯局：相信許多單身女人都有過這樣的經歷：朋友為撮合你和某某男而故意安排一場飯局，這就是「紅娘飯局」。朋友的朋友——這是大多數人遇到他們終身伴侶的方式，如果你只是單方面對他有好感，但是沒怎麼跟他說過話，不要不好意思，馬上讓你的朋友幫你安排一次見面。

2.婚禮：婚禮也是一個絕佳認識優質男的場所，許多女人就在此處偶遇了自己的那個優質男。在這樣一個甜蜜溫馨的場合，當你看中一個優質男，你能很容易找到中間人幫你介紹，這大大提高了配對的成功率。

3.家庭聚會：在我們的生活中，總會有那麼一些婚姻幸福的家庭喜歡舉辦家庭聚會，他們熱衷於把這種快樂和幸福的感覺帶給身邊的朋友，他們喜歡撮合身邊那些條件不錯卻單身的好友，女人要在這種場合認識優質男的可靠性極高。

4.老同學聚會：多年以後，當你參加同學聚會時，突然發現原來班上毫不起眼的某某男變身成功，成為新時代的單身優質男，這時，你可以從聊回憶開始，漸漸向他的心靠近。幸福兜兜轉轉，轉了一個圈，又回到了原點。

5.高級商辦區：在拎著筆記型電腦，身著高級西裝，行色匆匆出沒於高級商辦區的白領中，也有一些是不能錯過的優質男。這些男人，他們大多事業成功，精神世界豐富，性格穩重又不失活躍，幾乎是優質男的最佳代言人。

6.健身房：如果你是一個熱衷運動健身的女人，如果你多注意出沒健身房的男人們，或許一不小心就遇到了你的白馬王子。當你鎖定你心儀的優質男，就可以借運動之名接觸他，逐步建立起親密的戀情來。

7.藝文場所：女人希望心儀的那個他是自己的「靈魂伴侶」，能和自己心靈契合，要尋找到這樣的優質男，女人應該多去劇院、美術館、博物館、音樂廳等藝文場所，在薰陶自己文化氣質的同時，又能提高結識優質男的機率，何樂而不為？

8.高等學府：在一些知名的高等學府裡，積聚了大批的優質男，他們的身上閃耀著高學歷、心思純、人脈廣、氣質佳等優點，這都是優秀潛力股的象徵。

9.慈善活動：在以慈善為主題的聚會活動中，總會出現一些善良而慷慨的優質男，找一個這樣的優質男，就等於掌握了一份寶貴的美德財富，和這樣的男人共度人生，你的愛情生活必定甜蜜而溫馨。

此外，熱愛旅遊的女人，或許能在某個旅遊勝地邂逅你的愛情；鍾情於酒吧情調的女人，或許會在淺斟低酌時遇見心儀的那個他。女人，只要將心門打開，用一顆善於發現的眼睛去搜索，就會發現，優質男就在身邊。

當理性男遭遇感性女

男人和女人都固有自己的一套思維模式，在對待生活的態度上也存在著極大的差異。男人喜歡自己在社會中的名譽、地位等，女人在感情上要比男人敏感得多，所以女人顯得更神經質一些，而男人則更社會化一些。

男人能在工作時間輕鬆管理數十名，甚至數百名員工，並能根據行程安排有條不紊地赴約，能贏得最挑剔顧客的稱讚，能承受巨大的工作壓力，但當他回到家裡，卻常常發現自己如此笨拙，他不知道妻子為什麼不高興，不明白她需要什麼，他無法弄清妻子在想些什麼，甚至無法與妻子進行正常的交流，這使他很苦惱，充滿挫敗感。

女人關注的往往是人與人之間的關係以及情感問題，與親戚、朋友、鄰居或同事談話時，一些細微的語調變化都會造成女人情緒的波動，像一個禮品、一張請柬、一句恭維的話等這些男人覺得無關痛癢的事情，對女人卻有著重要的意義。此時，女人的大腦開始高速運轉，從而產生豐富的感情，她可能會因為愛人的一句話而幸福良久，也可能會因為一句不經意的話心裡不舒服一段時間，日常生活中的小事就會對女人的情緒產生不小的影響。

男人往往會不厭其煩地談論他們今天賺了多少錢，花了多少錢。對男人來講，談論金錢並不是討論金錢本身，而是用來證明自己能力的大小，男人會因為賺錢多而感到興奮，因為這是自己能力的一種表現。

對男人來說，金錢的追求是一種挑戰，理解自己的妻子則是一種難度更高的挑戰。因為男人自以為是有理性、組織觀念強，且情緒平穩的人，但面對女人無端傷感或者莫名的不快時，男人卻常常大惑不解，既分析不出什麼原因，也不能幫她儘快擺脫不悅，使得雙方陷在這種情緒漩渦裡彼此折磨。

男人世界的重心往往是取得事業上的成就，不斷地積累物質財富，獲得社會地位，受同事的認可、保持良好的身體狀況，成為有責任感的社會公民；女人的生活則緊緊圍繞著她的人際關係、孩子、家庭、情緒與感情。理解這些差異至關重要，可以讓你在夫妻生活中遊刃有餘，輕鬆自如。

一個明智的丈夫，不應對妻子的敏感表現得不耐煩，而應當意識到敏感的價值，正是這種女人特有的敏感，才使得妻子能預知並能圓滿地滿足丈夫的眾多需求。一個明智的妻子更是如此，要明白社會化的男人在表達感情和處理問題上也許不夠細膩，但是，作為女人要理解男人，畢竟男人的世界是一個社會化和功利導向的世界。所以，理性男ＰＫ感性女，多一點理解，和諧才會悄然而至。

不要太相信男人的眼淚

有人說，真正愛你的男人，只可能在你一個人的面前流眼淚，當你觸摸到它們時，也觸摸到了那顆只為你跳動的心。

但是，這僅僅是在純真年代發生的事情，僅發生在極少部分深情的男人身上，並不是每個男人的眼淚都是那麼純潔的。不少情場老手的淚只是用來哄騙女孩的陷阱，都說英雄難過美人關，美人最難過的也是英雄的眼淚關。因為大多數女孩的內心都是很容易被感動的，都以為男兒有淚不輕彈，看到男人流淚就以為是對自己動了真情，那一瞬的感動就足以讓自己的心莫名地淪陷了。

網路上大多數討論真正愛你的男人會是如何的時候，第一條出現的就是「如果那個男人為你流淚了，那肯定是觸碰到了他心裡最深處的情愫，只有真正愛你的男人才會為你流眼淚」。於是大多數女孩都會將這點作為判斷男人愛不愛自己的標準，如果發現那個男人真的為自己流過眼淚的話，說明他愛自己，然後女孩就會開始義無反顧地去愛這個男人，他對她一倍的好，她就會以十倍的愛去償還他。不幸的是，女孩的天真往往成了很多感情騙子屢試不爽的絕招。

男人哭吧哭吧不是罪，但是用來欺騙女孩就是罪！女孩子天真一點很好，但是千萬不要過度天真。以前只聽人說，女人的眼淚是征服男人的利器，其實男人的眼淚更厲害。

聰明的女孩們不要太相信男人的眼淚，那很可能只是一個陷阱，只是一種表象，要相信自己所看到的，所感受到的很理性的東西。當他流淚的時候，千萬不要看他的眼睛，除非你對自己的心腸硬度有把握。

5. 拴住男人的八個訣竅

一次只給一顆糖

男人眼裡的女人有兩種：「享樂版」和「珍藏版」，只有當男人必須耐心等待才能得到一個女人時，才會視她如珍寶。假如不出一分鐘，你面前的這個男人就把你劃成「享樂版」的女人，你和他之間的戀情就只能以失敗告終了。要想成為男人心中那個「珍藏版」，既不能過於矜持，也不能一下子讓他嘗到所有甜頭，一次只給他一顆糖就好。

假如一個女人能夠緩緩地把自己交出來，他會更加如饑似渴地盼望得到你。這聽起來像是老生常談，但請相信，這是專家們對無數男人研究得出的結論。因此，從一開始你就要巧妙地與男友逐條談判你們之間的關係，如果你很快就妥協了，就意味著你放棄了所有討價還價的能力。你必須掌握自己的節奏，能夠確定這個男人是否就是你想要的那個人，既不要大步向前，也不要畫地為牢。聰明的女人要懂得讓男人「等一等」的技巧。

1.適時稱讚他：讓他知道你在意他。例如，當他擁抱你的時候，抱緊他，聞他身上古龍水的味道，或者告訴他，他看上去很帥。你應表示出你只是在等待時機，而不是一味地拒絕他。

2.對他講的笑話報以會心的笑：你應當讓他把你既當成朋友，又當成情人。如果他喋喋不休地談論自己，特別是他有一點點緊張的話，就是一個極佳的信號，因為如果他喜歡你，他就會竭力敞開自己。

3.活動最好安排在白天：如果你和他騎自行車去玩，就表示你們的親密關係亮起紅燈；但如果是在午夜時分，你們倆一邊裹著毯子，一邊拿著葡萄酒，他會覺得已經亮起了綠燈。

4.適時給他溫情的熱吻：一定是在你出門的時候，或是在你不會逗留太久的地方，儘管你們可能在床上、沙發上擁抱，但在你們單獨相處的時候，不要讓他的行動升級。

5.約會後不要讓他進你的房間：在初期約會時，分別的時候已經是深夜了，他可能想進你的房間，如果你斷定他有所企圖，一定要讓他的告別行動在門口完成。

6.謹慎對待黃色笑話：很多時候，男人會用黃色笑話來試探你的容忍度。不要故作正經——聽別人講笑話時你可以笑，你也可以開玩笑，但是，不要停留在性的內容上，這樣他會誤以為綠燈亮起。

7.顯示出你對他的需求：與他手拉手，或把你的頭倚在他的肩膀上，這樣會使他感到自己身上的男性魅力。

8.可以當眾親熱：這樣做通常相當安全，因為他不能有進一步的動作。

9.不要猶豫不決：即使你真的在猶豫，也不要表現出來。不要不停地告訴他，他需要再等一個月，如果你尚未準備好做什麼事，就不要給他製造做這種事的機會。

10.別相信類似「我們只是擁抱」的話：即使你們相識已久，即使他是一個有非凡克制力的紳士，也要如此。

事實上，如果他真的喜歡你，即使他會巧妙地給你施加壓力，但在他的內心深處，仍希望你讓他再等一等，他希望你是「與眾不同」的，他想給你留下優雅、冷靜與瀟灑的印象，他希望你能領會他講的笑話，並認為他是風趣的。他要的是一個女神，這時候，你需要做得很簡單，讓他追求你，但別太輕易交出你的身體。

女人的淚越多，男人的免疫力就越強

不論是婚姻還是愛情中的女人，似乎都有掉不完的眼淚，有感而傷是女人的感性，但大多數女人流下的卻是為了喚他憐愛的討好之淚。女人，總喜歡把淚水當作武器，但現實往往是，你流的淚越多，他對於眼淚的免疫力就越強。

第一次，他會自責。心生愧疚，一把擁你入懷，不停地說：「我的錯是我的錯，你的錯也是我的錯，千錯萬錯都是我的錯。」也或者，梨花帶淚的女人恰恰激起男人的保護欲，他會在心裡告訴自己，眼前這女人是我窮其一生要保護的女人，我盡一切所能在往後的日子裡不讓她掉一滴淚。

第二次，他會心疼。「哎呀，眼睛都哭腫了，把眼淚擦一擦，再哭，我會心疼呢！」

第三次……，他就心煩了。「能不能別哭了呀，怎麼那麼愛哭，好好說話行不行？」

至於對女人眼淚無動於衷的男人，同樣可以歸為兩種，一是他不愛她了，二是他早已習慣女人動不動就掉眼淚的習慣。前者表現為郎心如鐵，多數是在男人提出分手時；而後者則表現為麻木，通常這種情況下，愛情不久後也將劃下句點。

隨著時間推移，男人對女人的眼淚確實會越來越麻木。熱戀中的人眼裡只有對方，他（她）的喜怒哀樂自然會牽動另一方的心，此時女人落淚，說明她傷心、痛苦、難過，男人也會為之心痛；婚後，愛情的濃烈慢慢褪去，男人的視野會從女人身上慢慢分散，事業、孩子、父母、手足等其他關係，會再度引起他的注意。所以男人此時愛的感覺會變淡，不再像熱戀時那樣敏感。

眼淚再加上語言和身體表達，女性的確能用它抓住男人的心，但眼淚並非每次都管用，愛人之間最需要及時、有技巧的溝通，如冷戰、出現爭執時，一句「陪陪我」、「抱抱我」，會比動輒流淚有效。「你這麼晚回家，我打了很多電話都找不到你，你不知道我多著急」，這樣的表達不亂加猜測，只是就事論事，既表達了對他的關心，又說明了自己的要求，能消除誤解、增進感情。

女人的眼淚要流對時候。爭吵時女人留下委屈的淚水，會增加男性的壓力和焦慮。因為在他看來，哭是軟弱的表現，僅僅是發洩情緒，不能解決問題。

但還是有很多女人，把「弱」作為「美」的化身，這種女人總是多愁善感，總好像自己是整個世界的中心，自己悲觀失意，整個世界便沒有歡樂可尋。這類女人似乎與生俱來就只有悲愁和哀怨，男人若是愛上這樣的女人，難免會步入一個鬱鬱寡歡、淒慘悲哀的痛苦世界。

要知道，整天愁眉苦臉，女人很容易變老；而且，再懂得憐香惜玉的男人也受不了整天哭哭啼啼的「鬱女」，女人要哭得有理有據，如果不能打動男人的心，眼淚哭乾了也沒用，聰明的女人要把眼淚當天使，去傳遞自己的愛情。

天天相戀，但別天天相見

兩個人的生活，有時需要一點欲擒故縱的技巧，天天耳鬢廝磨的兩個人，很容易在一日三餐的平淡生活中消磨了愛情的滋味。「小別勝新婚」，這話不無道理，距離不是愛情的天敵，恰恰是愛情的保鮮劑。

愛，需要親密，也需要空間來呼吸，聰明的女孩，懂得適當地製造一些空間距離，不要因為擔心失去他就整天纏著他，要適當地給對方一些自由。每個人都有自己的朋友圈子，有自己的事情要做，也需要一個人靜下來思考、不被人打擾的時候，兩個人偶爾分開，才有時間處理好自己的事情，再見時，反而有「一日不見，如隔三秋」的感覺。

暢銷書《男人來自火星，女人來自金星》的作者約翰．格雷曾形容男人如鐘擺。陷入親密關係的男人，總會時不時地幻想獨處的樂趣和自由，在滿足了獨處的需要後，又會嚮往親密，如同鐘擺，在「親密」與「獨處」之間來回擺動。

一個人獨處或者和死黨出遊、打球等等，彷彿找回了自我，獲得了力量。男人最怕英雄氣短兒女情長，一旦整日和戀人卿卿我我，內心就會拉響警報，男人即使再深愛一個女人，也會週期性地選擇「逃避」，在此之後，才會對女人更加親密。而男人之所以「逃避」，是要滿足獨處和自省的需要。

因此，不僅要在交往上給他自由，在情緒上也要給他一個梳理的空間。就像女人都有自己的閨中密友，每個男人也都有一個「洞穴」，當他們遭遇壓力或者困惑不安時，往往會長時間地獨處，變成一聲不吭的「洞穴動物」。短暫的離開，並不是變心，不是不愛你，不必疑神疑鬼地認為對方見異思遷，這時候，女人需要做的只是在「洞穴」外面安心地等他，做做自己的事情，約上三兩知己小聚一次，泡泡湯、練練瑜伽，沒過多久他又會想起你的好，流淌出往日的柔情。

兩個人的距離很遠，有人同床異夢；兩個人的距離又很近，有人天涯咫尺。即使再相愛的兩個人，也是兩個獨立的人，不可能合而為一。留一點空間讓彼此想念，想念讓愛情升溫，何樂而不為？

不要讓自己成為培養花心男人的溫床

無論小說裡、電視上還是現實生活中，都有這樣一群女人，她們盡職盡責，打理家務，照顧家人，她們為了丈夫和家庭放棄了事業、犧牲了自己，可是到頭來卻培養出一個不願回家的男人。面對這樣的結果，她們沮喪，也感到傷心和無力，她們要問，為什麼男人如此負心？其實，這個答案很簡單，就是這些女人都太好了，她們的完美付出，成了培養花心男人的溫床。所以，聰明女孩應該「壞」一點，經常耍一點小心計，讓他離不開你。

1. **讓他感覺輕鬆：**太關愛他、太討好他，會把他寵壞；但自我、太高傲，又會令他懼你三分。愛情需要適度的空氣和氧分，你永遠是他身邊不遠不近、不離不棄的那個人。如果他打來電話想晚上一起出去吃飯，你就不要固執地守著家裡的鍋碗了；如果他送你鮮花，你要誇他瀟灑；如果他想獨自待著，你掉頭走開，但記得睡覺之前要給對方適當的關切，讓他感受到你的溫暖。

2.做他時刻都需要的空氣：大多數時候，男人都希望做一隻在水裡自在悠遊的魚，所以你只有慢慢滲透在他的生活裡，令他身在其中，舒適而不自覺，既無壓抑也無束縛，猶如空氣一般。有一天，他會發現，如果沒有了你，就像空氣抽離，會活不下去。

3.發掘你們的共同性：情投意合必須建立在許多共同的興趣上，男女雙方有共同的愛好，你們想不心靈相通都難，但這樣還不夠，進入愛情之後，小女人要繼續發掘你們之間的共同嗜好，將這份心靈相通的感動長長久久地持續下去。

4.經常給他來點小驚喜：在一起時間長了，日子就開始平淡了，你在男人心中也漸漸由美麗公主淪落為黃臉婆。如果你的愛情正走向這樣的噩夢，你要趕緊剎車，挖空心思給愛情增添一點小驚喜，讓愛情重返美麗。比如，你可以準備一頓精心的燭光晚餐，讓浪漫隨處發生，讓他永遠記得第一次見面時的心動。

5.小可愛讓他更愛你：可愛的女人總是能吸引更多優質男的目光。她會在他寫作時，像小貓一樣在後面偷襲他；固執地把自己的東西搬進他的家，賴在床邊不走……小可愛的點滴，總是能融化男人的心。

6.討婆婆的歡心：再成熟的男人在媽媽面前也會做一個乖小孩。如果你能討得婆婆的歡心，你的愛情之路自然一路綠燈通行。只要婆婆對你一臉肯定，在他面前再三誇獎你，你的婚姻也就無可撼動了。

7.**做他的生活管家：**你經常聽到他叫喚：「親愛的，我的襪子去哪裡了？」、「我的那件藍色襯衣呢？」、「我的游泳褲呢？」……只要你一不在他身邊，他就遠離了稱心如意的生活，這時，他就會知道：這個小窩缺不了你這個女主人。

8.**成為他的形象顧問：**男人都是愛面子的動物，儘管很多時候他們都對自己的外表不太在意，但是他們也希望能穿戴得意氣風發。這時，如果出現一個小女人，對他從頭到腳進行一番細心的裝扮，打造出一個瀟灑氣派的美男子，他的心裡就會為你準備了一個位置。

9.**偶爾消失，讓他的生活斷電：**當你對他所有的付出，他視若無睹，這時，小女人要選擇暫時離開他，讓他幸福的生活斷電一下。那時，他會發現，他原來習慣的一切對他而言是多麼的不可或缺。等著他打電話給你吧，說：「寶貝，回來，我的生活不能沒有你！」

會撒嬌的女人最幸福

女人，特別是年輕的女人，她們跟孩子在某些方面有著共同的性情，比如撒嬌。一個有著幸福生活的孩子往往喜歡在寵愛他的父母面前撒嬌，而一個有著幸福感的女人，也會喜歡在自己深愛的男人面前撒嬌，以獲得更多的呵護。

撒嬌，其實就是古代兵法上「以柔克剛」的藝術；老子也認為「柔弱勝剛強」，他說：「天下莫柔弱於水，而攻堅強者莫之能勝，以其無以易之。」這句話的意思是說，天下沒有比水更柔弱的東西了，但是任何堅強的東西也抵擋不住它，因為沒有什麼可以改變它柔弱的力量。

撒嬌是女人的一種風情，撒嬌可以讓她們增添幾分柔媚的色彩。一聲嬌柔的呼喚，會融化男人心中所有的原則，一句嗲聲的話會讓男人頓時覺出自己的偉大，看著身邊的女人如花般美麗、如水般溫柔，心裡那份自豪自非語言所能形容。

撒嬌是一種本性，也是一種手段。所以，女人的撒嬌有兩種，一種是真情的自然流露，另一種是為達到目的的做作。撒嬌可以是嗔怒笑罵，也可以是掩面而泣；可以是一個眼神，也可以是一聲輕呼……出於真情的撒嬌有花前月下、碧波映月的溫柔，出於心計的撒嬌有做作之感，但是男人很少能辨其真假，正所謂不識廬山真面目，只緣身在此山中。

對於女人的撒嬌，男人大概沒有多少抵抗能力，所以，聰明的女人知道以柔克剛的殺傷力，懂得在平淡的生活中如何運用撒嬌演繹出一份浪漫，去化解生活中劍拔弩張的氣氛，去成全男人保護女人的欲望。

如果說堅強是一朵盛開在太陽下的向日葵，那麼撒嬌就是一朵起舞在月色下的夜來香，不同時間的吐蕊，演繹著不一樣的精彩。只要是能夠為我們的生活增添美好的花朵，我們就允許它綻放。

對男人，投其所好又何妨

女人首先必須搞清楚男人為什麼愛你。如果他愛的是你的溫柔似水，不妨對他百依百順，有空就多給他說些好話；如果他愛你的堅強獨立，則可多給他一點自由；如果他愛的是你的青春美貌，在他抱怨你身材臃腫時，大可不必嘮叨你對家庭的貢獻，應趁機對他說：我正想找家健身房鍛練鍛練，星期六就麻煩你帶孩子吧。

女人必須明白和你一起生活的他平時有什麼喜好：他喜歡唱歌你陪他唱，他喜歡看球你不攔他，他喜歡吃你多花點工夫在做菜上。只要他高興你也快樂，日子就能過下去。記住，千萬不要把自己的好惡強加於他。

假如你不能也不願給他所要的，那就得問一問自己：這個男人是不是你該要的？

世界上每個人都是一個獨立的個體，都會與他人有所不同，男人會有他的剛毅和氣度，會有自己獨特的需求和喜好，當然也會有自身的缺點和不足。作為妻子，為了家庭的幸福和美滿，為了自己的愛情，也許你會有強烈的、下意識的想要取悅丈夫的欲望，但是切記不要用你想像中的方法取悅他，因為你自以為是的方法根本滿足不了他的需求，當然也不能達到你的目的。

如果你丈夫是一個喜歡整潔的人，他就會希望家裡的東西都擺放得井井有條，如果家裡亂七八糟，他可能會煩躁不安，甚至因此大發雷霆。如果他是一個愛好運動的人，毫不在意家裡是否清潔有條理，他可能最希望妻子也能和他一起參加並分享運動的快樂。如果他是一個對任何事都不加考慮，脾氣急躁的人，他會希望你也用同樣的態度對待生活。如果他非常精明，喜歡有計劃、穩穩當當的生活，他就會希望你也能配合他的腳步。

如果一開始你不能滿足丈夫的全部需求，千萬不要就此認為婚姻已經失敗了，因為世界上根本沒有人能做到完全令別人滿意。同樣的，如果你丈夫沒有完全滿足你的要求，你也千萬不能因此就認為他不配做你的丈夫。

不管怎樣，一旦你發現丈夫的特殊需求時，就應該盡力去滿足它。如果你丈夫提出的是無理的、完全不符合現實的要求，你應該立即表明自己的觀點，以維護自己的尊嚴，完全沒必要把自己變成一個忍氣吞聲的可憐蟲，因為丈夫的需求靠的應是熱烈的愛去滿足，而不是靠惡勢力去搾取。

愛他就告訴他

生活中，常常有女子感嘆自己所遇非人，命途多舛，其中不乏溫文爾雅、美貌端莊的女人，這不能不說是人生的一大憾事。而與此相對應的卻是，許多外向狂野的女孩，男友像走馬燈換了一個又一個，日子過得可說多姿多采。

到底「好」女孩們哪點遜色了，怎麼偏不比「壞」女孩們有男人緣呢？原因也許就在於「表露」。傳統的女孩太過於含蓄，不輕易流露自己的真心，讓男人去猜，等男人來追。殊不知，緣分不待人，它來的時候，該抓的一定要抓，不要等到年華老去，才來空嘆息。愛他就一定要讓他知道，哪怕被無情拒絕，只要曾經努力過，也就沒有什麼可遺憾。

當然了，表白可是門學問，下面就來學兩手吧。

1.記住對方的資料：在男女交往中，免不了互相介紹，這時候你一定要全神貫注，千萬要記住他的名字，否則會讓他覺得你過於高傲或心不在焉，就可能對你敬而遠之。除了對方的名字，他的職業、電話、興趣、飲食口味等，都要牢記在心。在適當的時候，不經意地讓他知道你對他的了解，他便會開始留意你。

2.不露聲色地展示自己：男性都喜歡含蓄、內向的女性，外向的女性雖然可以朋友遍天下，但在絕大多數男性心中，她們只可為友卻不可為妻。假如你覺得自己沒有足夠的能力改變他的這種觀念，卻又無法割捨對他的感情，不妨投其所好，經常讓他眼睛一亮，發出由衷的驚嘆：原來她是這樣優秀！

3.與其他異性交往要把握分寸：事實證明，男人也是善於嫉妒的。只要使用得法，你所鍾情的男子會出於對其他異性的嫉妒而對你產生興趣，但最好是點到為止，「欲擒故縱」不失為一種好辦法，但要記住物極必反，你如果過於討人喜歡，而且來者不拒的話，那麼你的形象將會大打折扣。

4.做一個百變精靈：人是一種喜新厭舊的動物，當你心儀的男人對你無動於衷時，不要著急，冷靜思考一下，是不是自己哪些地方落伍了？你不妨時時改變自己，讓他每次見到你都有一種全新的感覺。當然，需要注意的是，要改變的是你的弱點，而不是優點，盲目地改變不如不改。

5.經常鼓勵他：曾有人做過一個這樣的測試，如果遇到一個你極滿意的異性，你是否會主動搭訕？答「會」的女人有五成六，而男人們竟比女人還低六%。而推究原因，有兩成四的女人和兩成九的男人認為這樣做有違自己的行事準則，因為缺乏勇氣而不與自己喜歡的異性搭訕的男人有五成，女人有三成。可見男人在表達愛意時比女人更膽怯，女人們應該多鼓勵那個自己暗暗喜歡的男人。

如果能夠掌握以上方法，並靈活運用，相信心儀的男人就會乖乖來到你身邊！

幽默也是一種情趣

韓劇中女追男的故事總是充滿了幽默，尤其是女主角在追愛的過程中不斷製造笑料，她們天生具有的幽默感讓優質男們快樂不已。而正是這些幽默感，讓優質男一步步踏進了小女人設下的愛情圈套。

愛情這東西說沉重也沉重，說輕鬆也輕鬆。現在的生活壓力這麼大，沒有人喜歡沉重，所以經常在愛情中播撒些幽默的種子，那麼快樂就會開出花來，綻開斑斕的色彩，散發沁人心脾的香味，能將愛情點綴得更加動人。想想看，當你的王子想起你來總能會心一笑，那他還跑得掉嗎？

幽默是一項公認的智慧，不懂幽默的女人，就像綠葉中缺少紅花一樣沒有情趣。所以，女孩要想有品味，就要注意培養自己的幽默感，掌握幽默語言的藝術，努力使它成為自己的知識和本領。

1. **注意豐富自己的幽默資料**：看得多了，聽得多了，擁有的幽默資料多了，運用幽默語言的能力自然會得到提高。

2. **注意從別人的大量幽默語言實例中啟發思路**：運用幽默語言，要有獨特的思維方式，要有借題發揮、創造幽默語境的技巧，而且要反應敏捷、思路明快。

3. **多找機會應用**：實踐出真知，幽默語言的修養也是這樣。從書上學來的幽默語言知識，只有經過實際運用，才能變成自己的東西。

4. **幽默只是手段，並不是目的**：不能為幽默而幽默，一定要根據具體的語境，選用適當的幽默話語。另外，有些人天生不擅長幽默，則不必強求，以免弄巧成拙。

很多時候，愛情和幽默是互動的，愛情來了，就會快樂，內心快樂了，自然就變得幽默。所以說，還是尊重自己的感情，遵從內心的快樂，偶爾在他的面前耍耍寶，給他解解悶兒，調劑他平淡沉悶的生活，才能贏得優質男的愛情。

6. 她和她的Mr. Right

幸福自己找

有人說，做女人何必那麼辛苦，辛苦工作不如找張長期飯票；也有人說，現在離婚率那麼高，嫁得好有什麼用，事業有成才是自己的。其實，何必非要在二者之間做選擇呢？「灰姑娘」的故事只在童話裡才會發生，現實中那些條件優秀的成功男士都不傻，他們更希望找個年輕漂亮又精明能幹的女人做妻子，小有成就之餘，最重要的還是把一生的幸福牢牢握在手裡，找到自己一生的歸宿。

一個本來清高的女人婚後越來越惡俗，一定是她男人的檔次不高，「近墨者黑」的結果；相反，一個本來很一般的女人，婚後相貌越來越可愛，說話越來越文雅，舉手投足越來越有風度，那一定是因為她嫁了一個好男人。

選擇決定命運，所有的結局其實在最初的時候就已經注定了。無論在戀愛時，還是在婚姻中，女人的智商都不能降為零。無論有多麼狂熱，理性是一定要的。

如何借一雙慧眼，挑一個可以帶給自己幸福的男人？以下是過來人的經驗。

1.能夠給你工作和事業提出有效建議的男人：女人也有自己的工作和事業，所以找一個可以為你分擔工作壓力，為你排解工作憂愁的男人，會為你的工作增色。

2.把另一半放在與自己平等地位的男人：找一個尊重女人的男人，那麼不管在何時何地，他會考慮你的權益，以你的幸福為前提。一個好男人的基本品性，是尊重對方。

3.心中有家的男人：男人絕對不能沒有事業心，但如果他的事業心太重，他花在家庭和你身上的心思就會很少，你要他陪你逛街，他說沒意思；你要他陪你看電影，他說沒時間。和事業心太重的男人相處，最大的傷害是精神方面的；另外，這種男人大多因為過度勞累，健康也很容易出狀況。

4.和你價值觀相近的男人：假如你是一個一心想出人頭地的人，如果你的另一半和你一樣，那麼你們就會是一對優秀的合作夥伴；如果你生來淡泊人生，那你也得有一個和你持同樣人生觀的人共度一生。你是什麼樣的人都沒關係，要緊的是得找一個和你在人生理念上一致的人。千萬別找錯人了，要知道，你在一個人眼中的優點，也許就是另一個人不能接受的缺點。

5.浪漫而不多情的男人：女人都追求浪漫的生活，找一個能夠給自己的生活注入浪漫元素的老公，生活就是再累再苦，都像生活在童話世界裡。可是，浪漫不等於多情。多情的男人雖然體貼入微，讓你飽嘗愛情的甜美，但他們天生多情，到頭來受傷的還是被他愛過的那些女人。

6.讓你感受到親情的男人：女人白天上班在外面扮演著一個個角色，晚上回家若能依偎在可以讓自己表現真我的老公懷裡，整個心都會靜下來，就好像回到了童年那個高崗上，聽媽媽講過去的故事……

合適比愛更重要

很多科學資料證明，真正熾烈的愛情，在人的大腦裡也不過維持二十二個月，隨著時間的推移，愛的溫度會越來越低，最終都會轉換成一種親情。有很多男男女女認為，婚姻中如果沒有愛情會很遺憾，其實，這世上能成為永恆的愛絕不是愛情，而是親情，是相互契合、心有靈犀的親人般的體貼。

事實就是這樣，喜歡的不一定是最合適的，最合適的那個人往往就像「第二眼美女」，乍一看並不起眼，卻經得起時間的考驗。談過戀愛或是踏入婚姻殿堂的人都知道，一對佳偶可能在「年久失修」後變成一對怨偶；當時愛得死去活來，過不了幾年，可能就恨得咬牙切齒。

那麼，該怎樣判斷一個男人是否適合自己呢，別問他人，也別光憑自己的感覺，以下十個因素你必須考慮：

1. 彼此是最好的朋友
2. 容易溝通相互信任
3. 有共同理念和追求
4. 雙方認同婚姻關係
5. 可以協商解決爭端
6. 幽默相待彼此開心
7. 瞭解對方互相接納
8. 有第三方支持肯定
9. 相處自在偶有浪漫
10. 為人處事和諧契合

婚姻是因為相愛也是因為適合，才讓兩個人相依相守，流行的東西不見得適合自己。伴侶要和自己相處一輩子，因此不能像裝飾品一樣，是為了擺在家裡好看，帶出去給人稱讚的。心理學上「匹配」（match）是個中性詞，它沒有所謂的好與壞。結婚不是要找一個比你更優秀、更成功的人，而是要找一個跟你相投，使你心情愉快、能與你和諧生活的人。

如果有一個人能夠理解你、欣賞你、包容你，理解你的個性，欣賞你的優點，接納你的缺點，並且讓你盡情發揮自身潛能，那麼，他就是最適合你的人。

沒有愛情不行，沒有麵包萬萬不行

愛情是女人生命中永恆的主題，每個女人都渴望愛情，然而，你的愛情之花沒有開在童話裡，在現實的煙塵中，當愛情與麵包難以兩全時，你該如何抉擇？

每個人都期盼能和生命中的另一半演繹一場轟轟烈烈的愛情，然後在漫長的生活中成為能讀懂自己的知己。生活久了，你就明瞭，這個世界能找個心心相印的異性不容易，要找個一輩子花前月下的異性更是難上加難。

人們崇尚愛情，世俗卻看輕愛情。只給得起愛情的男人，最看不起重視麵包的女人；渴望愛情的女人，最討厭身上沾滿麵包味的男人。有人說，年輕的時候因為不用擔心沒有麵包，所以追求純真的愛情，等到有一天自己要想辦法找麵包吃的時候，愛情就不重要了。愛情有保鮮期，有專家說世界上最長的愛情期限是三年七個月，沒有愛情的日子，女人要靠什麼維持平淡如水的生活呢？

只要愛情的人是理想主義者，為了愛情他們可以放棄一切，我們不能說他們無知，不能說他們幼稚，他們只是在追求心中的完美世界；而選擇麵包的人是現實主義者，他們把經濟基礎放在第一位，我們不能說他們勢利，不能說他們冷漠，只是他們無可奈何。

生命中，愛情很重要，但不是唯一。愛情只是生命綠樹上斜伸出的一根枝條，她有理由成為生長得最茂盛、開放得最美好的一個生命，但是，她並不是生命本身，為了愛情並不意味著你有理由放棄生命中的其他要務。

真正的生命，不僅僅是純淨與空靈、美麗與誘惑，還有欲望與掙扎，權衡與無奈，這才完整。真正的生命，也還要麵包的滋養，才能存活。所以，在麵包和愛情之間，必須是共存的。愛情與麵包並不是對立的，而僅僅是生活的兩個側面、兩個層次，就像政治經濟學上的那個命題，經濟基礎決定上層建築，上層建築又反作用於經濟基礎。沒有麵包的愛情，是饑腸轆轆的浪漫，最後只能香消玉殞。

其實，何必把麵包看得那樣俗氣？愛情本身帶有很多附加價值，麵包不過是其中一個，愛情不是一個存活在真空裡的東西，它實實在在，它需要有麵包的滋養，營養充足才能活得長久。

讓婚姻成為夢想的推手

當我們看到一個事業有成的女人時，羨慕之餘，多半會猜想：她結婚了嗎？她的婚姻幸福嗎？她那麼忙，有時間照顧孩子嗎？很多女人在潛意識裡把婚姻當做吃掉夢想的怪物，認為女人結婚後必然要放棄自己的夢想，如果硬要堅持，那麼她的婚姻肯定要觸礁。其實，結婚後更有活力的女人大有人在，婚姻的確會約束女人，但是，如果能夠遇到好的伴侶，婚姻也可能會有利於女人事業的發展。

婚姻對女人是一項很重要的資本，有經濟實力又願意支持你的丈夫，對於妻子來講是最有力的靠山。很多女孩在結婚前因為時間或是物質的條件局限，使得自己的許多夢想難以實現。結婚後，如果經濟條件好，可以沒有負擔地投資學費，同時，還可以把這種投資當成是為了家庭而做的投資，也覺得心安理得。就算不是丈夫全力支援，至少婚姻可以帶來經濟上和精神上的安定感，這對女人來說是一項莫大的幫助。

當然，並不是所有已婚的女人都會因為婚姻而成功，也並不是所有的老公都有能力和意願幫助妻子成功。那麼，究竟什麼樣的老公能夠幫助你實現夢想呢？

首先，具有足夠的經濟實力，讓你在物質上沒有後顧之憂，不必擔心辭職就會餓肚子，這樣才能全力以赴地追逐你的夢想。

第二，要找一個能與父母有良性互動的男人。就算丈夫再能夠體諒妻子，如果公公婆婆不能理解你而丈夫又無能為力時，那麼，在你還沒有開始做事之前，你就會先被這個家庭關係打敗。

第三，男人要有興趣和志向。如果是一個沒有進取心的男人，很難默默地支持妻子走向成功，困難的時候，他會先放棄夢想。

最後，也是最重要的一條，願意為你付出。追求夢想必然會減少花在家庭和丈夫身上的時間和精力，有時甚至會增加丈夫的壓力。很多男人，希望下班回家後，能看到妻子準備好晚餐等他回來。如果條件允許的話，他們甚至希望妻子能留在家裡當個全職的家庭主婦。在這樣的現實情況下，如果能找到一個真正會因為你努力工作而為你開心的丈夫，那麼，你就是個幸福的女人了。

熱情而多夢的女孩，不需要為了事業而堅持單身，找到合適的伴侶，堅持為夢想而努力奮鬥，婚姻的力量反而能助你一臂之力。

託付終身前，先看看他的家人

婚姻的關係人，不僅包括夫妻雙方，也包括雙方的家人，尤其在華人社會，婚姻是兩個家庭甚至是兩個家族的結合，每個社會人，都是一系列社會關係牽繞的綜合體。在心理學上，男人從小成長的家庭環境、一直以來的家庭關係，會影響到他成家後的家庭生活模式。對女人來說，嫁給什麼樣的男人，以後要過什麼樣的生活，是貫穿一生的重大問題，所以，女人在託付終身前，仔細考量他的家人和家庭成長環境，是十分有必要的。

不少女人小心翼翼謹慎從事，終於尋找到滿意的另一半，便與他興高采烈地牽手走進婚姻殿堂，婚後卻受突如其來的複雜家庭關係刺激，從此變得極端，對婚姻徹底失望，原本恩愛的夫妻卻因為與對方家人不睦而分道揚鑣。所以女人在託付終身前，除了看他平時為人處世的態度，更要細心看他的家人，不是看他家有多少錢，而是要看他家人是不是善良，是不是和睦，是不是相互關心和禮讓。

婚姻不只是兩個人的事，即使是夫妻二人都離開父母單獨生活，也不可能完全不受雙方家庭的影響。考察對方的家庭，可以從他家人的觀念意識和婚後的經濟負擔入手，這兩點也往往是婚後夫妻爭執的關鍵。最理想的情況，自然是家庭關係簡單，父母通情達理、身體健康，兄弟姐妹各自奮鬥。這樣的男人，才會讓你幸福得安寧和踏實。

如果他的兄弟姐妹是很不可理喻的人，你們以後的生活勢必會增添麻煩。如果他的家人總是爭執不斷，毫不顧及親情，也絲毫不為整個家庭的榮譽著想，那以後就有可能把你捲入這些恩恩怨怨裡。如果家中有男人打女人，大家還不聞不問，裝作沒看見，那以後他對你動手時，全家恐怕也沒有一個人會替你出頭。

另外，如果你的另一半是家中的長子，或者是寄全家希望於一身的獨子，你也應該格外小心。有的父母一味過高地期望兒子功成名就，有的兄弟姐妹無所事事不思進取、一切需要兄長來操持，有的父母思想頑固、一心要抱孫子而不是孫女，並對媳婦要求極為苛刻，還有的家族關係十分龐大而男人無法置之不理，也有的家庭對教育子女毫不重視，全家人都只會嬌慣子女，更有的家庭父母嫌貧愛富，對待經濟條件比自己差的媳婦就不把她當人看，甚至連媳婦的娘家人也絲毫不尊重。這樣的男人嫁了會後悔一輩子，受辱一輩子。

當然，家庭關係其實只是考察男人的條件之一，並不是決定因素，真正起決定作用的還是男人處理家庭關係的原則和能力。再複雜的家庭關係，只要男人處理得當，女人一樣能得到幸福。

盡你所能去瞭解他

雖然我們沒有必要徹底去調查結婚對象的根底，不過，至少先要弄清楚這個人是不是能和自己走完一生。所以，千萬不要有什麼顧忌，積極行動，弄清楚他的出身、家庭、名聲等等事項吧。

你只要通過一兩個互相有點關係的人，就能打聽到你需要的資訊。例如，你可以透過他的公司、學校、居住地等途徑查詢，以進一步瞭解他。雖然這些做法並非每個未婚女性都必須去嘗試，但是，結婚是人生的重大決定，那麼單單從慎重的角度來看，這種做法也是值得考慮的。而怎樣才能知道你的他是否可以繼續相處？以下提供幾條妙計，不妨一試。

1.考察男友的生活習慣：你得去他家一趟，看看他的生活方式和生活用品。他家裡擺滿書還是掛滿球賽優勝獎狀？是否擺著與家人的合影？家裡凌亂不堪嗎？如果他就是不愛整潔，那他將很難改變惡習。你必須做出決定：你能與這樣的男人生活在一起嗎？你能生活在如此髒亂的環境中嗎？

2.考察他的朋友：你不可能喜歡他所有的朋友，但如果他的大多數朋友你都不喜歡，這就意味著他不適合你，男人的朋友圈最能反應他的品味。男子結交一些女友也不是壞事，這有助於他理解女性的特點，但如果他只有女朋友而沒有男朋友，你就要當心了，這樣的男人可能時常感到其他男性的威脅，只有在異性面前他才能感到自信。

3.考察他的心地：你可在某次約會時帶上親友的孩子，他如果嫌孩子麻煩，拒絕對孩子的親近，那他永遠不會成為好父親。如果他非但不討厭小孩，還樂於與小孩交談，甚至俯身聽孩子說話，趴在地板上與小孩一起玩，這男人無疑將成為一個好父親，你值得與他發展關係。

4.考察他的守時觀念：約他八點會面九點才到，說明他沒把你放在心上。他覺得自己的時間比你的時間重要，這實際上是他缺乏對你的尊重。

5.考察他的談吐：在女友面前充滿溫情談自己的家庭，這種男人最能打動女人；而只顧滔滔不絕，不顧你是否感興趣，這種人比較自私；還有一類男人喜歡對別人品頭論足，甚至對別人的遭遇幸災樂禍，這種男人趁早離他遠一點。

6.考察他的言論：講前女友壞話的男人靠不住。既然曾經相愛，為什麼要詆毀其名譽？尊重前女友，才是大度的男人。如果他總是在你面前說前女友的壞話，說明他仍想念她，舊情難忘。

7.考察他的家庭：對母親不好的男人你別去親近他，男人對母親的態度能說明他對女性的態度，尊重母親的男人，他才懂得尊重自己的妻子。但如果男人過分依戀母親，言聽計從，很可能有戀母情結，未來的婆媳相處會是大問題。

8.考察他的金錢觀念：有的男人總是搶著付帳，這並不能證明他大方，反而表示他想控制女友；而小氣的男人，在情感方面也注定斤斤計較；至於揮霍無度，經常透支，甚至負債累累的男人，你最好不要與他交往。

9.考察他的工作態度：基本上，男人對工作的態度就是對生活的態度。凡是在工作上稍不順心就跳槽的男人，幾乎可以肯定有朝一日如果夫妻關係出現一點點挫折，他也會一走了之。

10.**考察他的精神狀態：**愛諷刺別人的男人其實是借貶低別人抬高自己，這類男人缺乏細微的情感，心理不健康，還有些男人無緣無故發火，這表示他可能在精神方面潛藏著隱患，有發展成抑鬱症的危險。

找個能聊天的人結婚

一顆平庸的靈魂，並無值得別人理解的內涵，因而也不會感受到真正的孤獨。孤獨是一顆值得理解的心靈尋求理解而不可得，它是悲劇性的，無論戴多少面具，亦無法掩飾內心的孤獨。孤獨是把他人接納到自我之中的欲望，它尋求的是理解，尋求的是交流，它需要一個出口。

才華和事業只能決定一個人是否優秀，不能決定他是否幸福。無論是誰，真正的幸福都是很平凡很實在的，即使是高高在上的國王，也一樣怕孤獨。即使擁有六宮粉黛，康熙最愛的也只有容妃，最愛說的話僅僅是：「朕想和你說說話。」然後，把一些國事家事傾訴一番，後來，當他不得已廢了容妃之後，每每鬱悶的時候，也總喜歡走在容妃的宮前，但已人去樓空，他連一個說話的人也沒有了。

再高不可攀的人，對伴侶的要求也是十分簡單——能夠說說話而已。即使我們的事業再偉大，再轟轟烈烈，也不過是一個凡人，一個有七情六欲的普通人，需要有一個貼心貼肺、知冷知熱、能深刻理解我們思想與情感的人在身邊，跟我們交流、溝通，這樣，才不至於太孤單、寂寞。

有人說，不要因為孤獨而去戀愛結婚，可是，孤獨是人類的宿命，如果沒有孤獨，又怎麼會自覺靠近？所以，過來人都會勸年輕人，找一個談得來的人結婚，因為當我們年紀大了以後，就會發現喜歡聊天是一個人最大的優點。

結婚就是人生的第二次投胎，找到一位能交流、能聊天的知心情人就是投對了胎。所謂夫妻本是同林鳥，大難來時各自飛，也只是在舊時代沒有心靈融合的婚姻負面體現，真正的伴侶，是可以為之付出生命的。如果在婚姻的漫長歲月中，二人天天相對無語，沒有精神的交流，那將是一件很鬱悶的事情。

好男人的壞心思

美國社會學家格雷爾指出：「人們通常可以通過兩個途徑來瞭解一個人，一是所謂的路遙知馬力，在長期交往中瞭解對方為人；另一個途徑是，僅從一些簡單的非語言性的跡象中看穿他。通過解讀他的行為方式，就可以十拿九穩地確知他的本性。」顯然，「路遙知馬力」在女人識別男人這裡是不管用的，因為男人會竭盡全力掩蓋壞的一面，而第二個途徑卻不失為一個好辦法。

每個人的性格中都會有好和壞的一面，當男人和女人相遇、相戀時，許多男人會掩藏自己壞的一面，以好的一面去博得女友歡心。一旦結了婚，男人的另一面就會自然流露出來，使許多女人大呼上當。那麼，如何在婚前識別男人的好和壞呢？

第一，愛炫耀自己如何能幹的男人，越可能愛慕虛榮，比較偏激。美人配英雄，事業成功是男人的勳章，正因如此，男人喜歡誇耀他的才能、成績、聰明，這耀眼光環可以放大他在你面前的形象，使你為這光環炫目，從而忽略了「一流」背後的脆弱。

第二，很講究穿著打扮的男人，往往只會考慮自己的感受。許多女性認為：講究衣著服飾的男人，常常給人一種熱愛生活的印象，與這樣的男性結合，家庭生活較有品味。事實是，一個很關注自己的人，往往是很難把注意力投向別人的，也正因為如此，他很少關照、理會別人的心理狀態和感情世界。

第三，越細膩、中肯的男人越可能是事事計較的人。言談中肯、心思細膩的男人，往往給人細微和體貼的感覺，是可以託付終身的對象，而其實，他細膩的層面非常廣泛，當他準備出門的行裝時，可能會因你買了他不喜歡的服裝而喋喋不休。他能領會你最細微的情感，也就會為你無意中說的話而煩惱不已；他可能是主動下廚並以此為樂的男人，但也可能為菜價的貴賤而嘮叨不已。他的細膩廣及生活的每個角落。

第四，喜歡強詞奪理的男人，責任感往往不強。面對發生的錯誤事件，他能找出許多合理的解釋，此時你也許會為他的理性所打動，但要注意的是，這樣的人常常是沒有責任感的。一般來說，出現問題，人們通常的反應是就自己的錯誤道歉，請求原諒，而在這類人那裡，他們多半會尋找諸多的解釋為自己開脫。二者的區別就在於一個能體諒別人，一個以自我為中心。

第五，越體貼入微的男人也越可能專橫霸道。生活中，人們越寵愛、關切什麼，也就越想佔有什麼；一個男人對你百依百順、殷勤備至，多是為達到擁有你的目的。「小鳥依人」是這種男人的理想，如果你是一個喜歡依賴別人的女性，也許這份「呵護」能讓你心醉，但如果你個性很強，硬碰硬的結果自是爭執不斷。

女人在選擇伴侶的時候可要擦亮雙眼，識別那些「好男人」的壞心思，透過現象看本質，不要被外表所迷惑。

7. 好用的透視男人讀心術

信賴或猜疑，決定夫妻生活的明與暗

信任和猜疑，一個是太陽，一個是月亮，再沒有比這能決定婚姻生活的明與暗了。猜疑是幸福婚姻的大忌，是扼殺婚姻的幽靈。信任是婚姻大廈的基石，倘若彼此喪失了信任感，充滿了猜測和懷疑，總有一天會走到婚姻破碎的地步。

萊哈特的巨著《拿破崙三世與尤琴：一個帝國的悲喜劇》講述了一個被猜疑刺痛的婚姻故事。一百多年前，巨人拿破崙的侄子拿破崙三世，愛上了全世界最美麗的女人——特巴女伯爵馬利亞尤琴，並且和她結了婚。他們擁有財富、健康、權力、名聲，他的愛情從未像這一次燃燒得這麼旺盛、狂熱。不過，這樣的聖火很快就變得搖曳不定，熱度也冷卻了，只剩下灰燼。

拿破崙三世可以使尤琴成為皇后，但不論是他愛的力量也好，帝王的權力也好，都無法阻止這位法西蘭女人的猜疑和嫉妒。她有著強烈的嫉妒心理，竟然藐視他的命令，甚至不給他一點私人的時間。當他處理國家大事的時候，她竟然衝入他的辦公室；當他討論最重要的事務時，她卻干擾不休。她不讓他單獨一個人坐在辦公室裡，總是擔心他會跟其他女人親熱；她常常跑到她姊姊那裡，數落他的不好；她會不顧一切地衝進他的書房，不停地大聲辱罵他。拿破崙三世雖然身為法國皇帝，擁有十幾處華麗的皇宮，卻找不到一個安靜的地方。

書中這樣寫道：「於是，拿破崙三世常常在夜間，從一處小側門溜出去，頭上的軟帽蓋著眼睛，在他的一位親信陪同之下，去找一位等待著他的美麗女子，再不然就出去看看巴黎這座古城，放鬆一下自己經常受壓抑的心情。」

的確，尤琴是坐在法國皇后的寶座上，也是世界上最美麗的女人，但在猜疑和嫉妒的毒害之下，她的尊貴和美麗，並不能保住她那甜蜜的愛情。

人們常說，戀愛中的人們智商趨近於零。戀人中最為常見的兩種表現是嫉妒和猜忌過重，這兩種心態，不僅影響愛情的順利發展，還關係到個人形象問題，並有損於愛情生活。因此，每一個戀愛中的人，都要警惕嫉妒和猜忌的危害。

雖然愛情將兩個人緊緊地連在一起，但這並不表示要放棄自己作為獨立個體的身份。如果你因為對方是自己的男朋友或者丈夫就限制了他的行動，禁錮了他的自由，那麼他只會變得越來越厭煩與你之間的感情，從而走上背叛的道路。

信任是愛情的前提，兩個人在一起，如果每天都猜疑對方在做什麼，有沒有做了對不起自己的事情，這樣的愛情終歸會變成人生的包袱，失去了原來的樂趣。所以，對待愛情，聰明的女人要保持一顆豁達的心，給對方一點自己的空間，也要給他營造一個信任的天堂。

嘮叨抱怨只會讓男人離你更遠

一個嘮叨的女人往往造就一個麻木的男人，女人往往沒有意識到自己覺得理所當然的嘮叨，在男人眼裡其實是大麻煩。結了婚的女人通常都會有這樣的困惑，在外面生龍活虎的老公，一回到家就悶在沙發上看報紙，要嘛一晚上沒話，要嘛回答你的話都用短語，惜字如金；其實，不是他冷漠，而是你根本沒有給他開口的機會。女人過盛的表達欲會壓制男人的傾訴欲，你把所有的話都說完了，對方只能沉默以對，從心理學上說，女人總希望以言語獲得對方的認同，實際上卻堵住了對方的嘴。

女人的嘮叨多半是出於關心和提醒，但在男人看來，嘮叨是一種間接的、否定性的提醒，提醒他們什麼沒做、什麼沒做好。這種提醒對自尊心極強的男人來說，具有極強的殺傷力。因此，男人對於女人的嘮叨要嘛避而遠之，要嘛奮起反抗。

心理學家萊特曼博士曾對一千五百對夫婦做過詳細調查，結果顯示，在男人眼中，嘮叨是妻子最大的缺點；卡內基在著作《人性的弱點》中也說：嘮叨是愛情的墳墓。但是，很多女人並沒有意識到這一點，甚至認為自己的嘮叨是對男人的愛，以為嘮叨可以改變丈夫的缺點。陶樂絲狄克斯認為：「一個男性的婚姻生活是否幸福，和他太太的脾氣性格息息相關。如果她脾氣急躁又嘮叨，還沒完沒了地挑剔，那麼即便她擁有普天下的其他美德，也都等於零。」

在美國，每年有二千個殺妻犯承認殺妻是因為妻子太嘮叨；在香港，一個丈夫用錘子砸了妻子的腦袋，造成其大腦損傷，法官最終給這個丈夫判的刑期很短，因為他認為是妻子太嘮叨，使得丈夫失去了理智。

在生活中，為了避免嘮叨，成為一個安靜、可愛的女人，可以參考以下幾點：

1.不要講重複的話：男人並不怕善意的提醒，就怕婆婆媽媽的聒噪。提醒丈夫一件事情，說完就趕緊忘掉，最多兩遍，不要來回重複。

2.宣洩情緒前自己先想想對策：丈夫不是出氣筒，要抱怨某事前先想一想，自己想說的是什麼，是發牢騷，還是真遇到了為難的事情？如果只是發洩自己的不滿，最好免開尊口，因為他若是反抗，不但使自己的氣出不來，而且還會受更多的氣，這樣，自己的情緒就更壞了。如果真遇到了什麼難題，也要自己先想想對策，不要完全依賴先生，這樣既可以鍛練自己獨立思考和處理問題的能力，又可以縮短與丈夫磋商的時間。

3.嘮叨百害而無一利：用嘮叨來測驗他的愛情深淺是愚蠢的行為，企圖用嘮叨控制丈夫更是極其錯誤的。愛情的特性是平等、信任和尊重，任何相反的行為，只會損害夫妻之間的感情。

4.把嘮叨變成撒嬌：「女人一撒嬌，男人就彎腰」，男人對適度的撒嬌來者不拒。其實嘮叨與撒嬌只有一線之隔，換種語氣，嬌柔地敲打他一下，往往能事半功倍。

其實，男人要的很簡單，他只是希望一回到家，就能感受到你笑臉相迎的溫暖，當他開口說話時，你能做他最忠實的聽眾，當他疲憊不堪時，不要吵他，讓他好好地休息，僅此而已。上帝給我們兩隻耳朵一張嘴，就是要我們少說多聽。女人的好命就繫在自己的嘴上，千萬別讓嘮叨嚇跑了男人。

撒嬌是男人愛意的表現

諾貝爾文學獎得主君特格拉斯，曾有一部名著《鐵皮鼓》，其中的男主角奧斯卡在一次意外事故後，便拒絕長大，拒絕進入成年男人的世界。

其實，在很多男人的心靈深處，都希望永遠處在被父母呵護的少年時代。為什麼男人不想長大呢？因為長大後，許多「可怕」的事情會發生，而抵消了更多長大後的「好處」。在男孩從少年向青年過渡的時期，這些成年的「壞處」會被掩蓋、淡化或忽視，不過，這些資訊會隨著時光的流逝漸漸長大，並在某些男人的身上產生較嚴重的負面作用，而使他們表現出渴望回到童年的「退化」行為，甚且會因為生存壓力、家庭責任等因素的抑制而加劇。它存留在男人的心裡，成了秘密。

長大是痛苦的，這種訊息的來源，主要還是家庭。男孩在感佩父親之餘，對於「一家之主」或「父親」這種「責任擔當者」的角色，也產生了隱約的憂慮、害怕和無力感。男人在家庭中這種「崇高」的地位，其實也意味著一份沉重和束縛。只要是男人，這種巨大的責任和沉重的壓力遲早會從父親身上轉移到他肩上，但是，只要他不長大，這些責任和承諾，就可以由別人來承擔，「只要我不長大」大概是許多疲憊男人的共同心聲吧。

其實，男人並非如社會所定論的那樣成熟與勇敢，很多男人，包括很成功的男人都有其天真、脆弱的一面，在某些方面他們酷似孩子。正如一位女性所說：「所有的男人都是孩子，只要你瞭解了這一點，你便瞭解了男人的一切。」很多男人，不管他在家庭之外如何成熟，一回到家，卻表現得就像孩子。

當然，男人「孩子氣」的一面往往只會展示在心愛的女人面前，這是他對女人信任與親近的一種表現。因此，作為女人，當男人在你面前像孩子一樣時，千萬不要指責他不是男子漢，此時正是你發揮母性與愛意的時候。像母親一樣給他想要的關懷，他會更加難以離開你。

小心，別誤闖兩性溝通禁區

有時候，女人明明是滿懷善意想透過溝通來解決問題，但因為方式不當，往往讓問題愈演愈烈；也有時候，她希望透過互動和男人保持親密關係，結果卻是令男人談興盡喪，原因在於她不小心誤闖了兩性溝通的禁區。常見的兩性溝通禁區有：

1.下班後，你仍然追問他的工作情況。

本來兩人正愉快地交談，她卻突然冒出一句「今天工作如何」，他隨便應付了一句，就盯著電視不理了，而她怎麼也搞不懂為什麼被冷落了，原因在於剛下班後不是跟男人談正事的好時機。

女人以為下班後聊天是與男人增進感情的一個好方式，但男人卻只願意與你一起享受家庭式的寧靜與溫馨，不願提及工作的事情；另外，當男人專注於工作或觀看球賽時，他的大腦正忙於邏輯思維，所以此時他的語言功能處於休眠狀態。

2.女人說話時，盯著男人的眼睛看。

對女人來說，面對一個老是注視著天花板的男人，她是很難敞開心扉的；而對男人而言，談話時有人盯著他，會讓他們局促不安，難以放鬆。為了避開男性這個特殊的習慣，你可以利用你在他身旁的機會和他交談，如在車內、在電影院等，只要你不盯著他的眼睛，他就會很舒適放鬆地與你交談。

3.女人總期望和男人進行長時間的交談。

女人用談話作為兩人關係的柔和劑，她們對男人無所不談以求進展關係；而男人的談話既實際又有目的，所以當你進入閒聊狀態時，男人會失去談話的興趣。和男人交談千萬不要只顧塞滿每一個沉默時刻，而是要有合適的話題、穩定的主題，談話時間太長會令男人厭煩，所以，如果你想打破沉默，不要老是喋喋不休，這樣反而會令男人有意避開你，結果適得其反。

4.女人總愛不斷提及和他的關係來保持情感熱度。

很多女人都會在不同場合問身邊的男人：「你愛我嗎？」但是，不斷逼問男人類似的問題，會令他離你遠去。女人總是在不斷提到她與男人的關係時，才感到兩人的關係正常與和諧，而男人則恰恰相反，如果他認為兩人關係正常，就不會提及它。女人需要細心冷靜地觀察男人的行為，而不用逼他說出不想說的話，但你可透過一些無聲的行為來判斷他是否幸福。握著他的手，親吻他，看他是否回應你的熱情，男人更願意以行動而不是言語來表達感情。

5.誠實到不顧男人的感受。

對於真相，女人經常以為如果不告訴對方，就會或多或少地破壞兩人的關係，但是男人卻只在必要時才會告訴你事情的真相。其實，女人毫無保留的誠實，有時對男人的傷害反而更大，好比一個女人把她和前任男友的交往過程全盤托出，只會讓現任男友受到傷害。

6.女人用沉默來懲罰男人。

很多時候男人惹惱了女人，女人總是回以冷若冰霜，沉默不語，她想讓男人主動檢討一下發生問題的原因，可是，女人這種報復心理是白費心機，因為男人並不擅長解讀這些微妙的體態語言，這樣做簡直是對牛彈琴，而且即使你的行為非常明顯，他可能仍然一聲不吭。男人認為沉默戰術是一種無聲的控制行為，遇到這種情況，女人千萬不要失控地把他大罵一頓，最好的方法是過一段時間，冷靜下來之後再告訴他你對他哪兒不滿，此時他會愉快地接受你的批評。

總之，女人追求和男人和諧地相處是有必要的，但要注意把握談話的技巧和風格，千萬不要在錯誤的時間、錯誤的地點，談一些錯誤的話題。作家齊瑞爾克朗有一番說得很好的話，可以作為忠告：男人和女人的溝通方式有所不同，女人的談話比較感性，是真實情感的流露，而男人的談話卻趨向於實際。所以，女人不要勉強男人跟你的想法一致。

換一種表達，以柔克剛

在家庭紛擾中，想要避開無謂的口舌之爭，讓彼此的怒火平息，就需要及時、巧妙地轉換表達方式。在兩個人出現爭吵時，聰明的女人能溫柔地說出自己的不滿，從而掌握主動，讓彼此的關係更親密、更融洽，這就是溫柔的力量。

其實，化解這場戰爭並不需要強大的力量或做出什麼巨大的改變，它需要的僅僅是字眼的小小改變，這種改變能使你的話語充滿善意，而最主要的則是調節你的情緒，不要帶著火氣和抱怨，這才是創造和諧關係的秘密所在。

1.不要用責備的口吻否定他：葛特曼博士指出：「責難會使夫妻感情疏遠。」千萬不要完全否定他，像「這事你一直就沒做對過」這句話要改為「你是做了很多努力，但用這種方式是不是太費力氣了？」，不要吝嗇對他的感激和肯定，這會讓他樂於堅持下去。幸福的夫妻關係往往建立在彼此欣賞的基礎上，學會讚美，哪怕是日常生活中最細枝末節的地方，也不要忘記說聲「謝謝」。

2.不要說「為什麼你總是不聽我說」：美國西雅圖華盛頓大學社會學教授佩伯施沃茲指出：如果你使用「總是」或者「從不」這樣的字眼，你的丈夫此刻就不可能和你進行正常的交談，同時，這種全盤否定的說法，也把問題的責任全部推到對方身上，而讓自己脫離了所有責任，反之，若以「這對我真的很重要」作為開場，則會為你打開一扇對話的大門，它會讓你有機會說出被他拒絕的話，而且提出解決問題的建議。丹佛大學心理學教授赫沃德瑪克曼博士則建議：如果你想你的丈夫不僅聽你說，而且更多地和你溝通，就要始終做到心平氣和。

3.不要隨便威脅他：「說得對，我正是要離開你！」這句威脅的話聽上去好像很引人注意，但它們往往很危險，而且不給對方留一點餘地。把那些一觸即發的衝動放在心上，畢竟你並不是真的想要離開。通常，只要夫妻間的關係還沒有破裂，說出真實的感受有助於接觸到問題的根本，不過，對於大多數婚姻而言，動不動就用離開來進行威脅，只會隨著時間的推移而變成現實。所以，即使當你氣急敗壞的時候，你也只能說：「那給我一種想要離開你的感覺。」

女性朋友們應該學會用溫柔的言語對待丈夫，如果和丈夫說話總是硬碰硬，有時你的本意是好的，可話說出來就會變了味。因此，最好改變你的表達方式，溫柔地說出你的不滿，這樣既可以改變他，還能維護好你們之間的感情。

用鼓勵代替抱怨

一般情況下，女性似乎比男性更需要安慰，但事實上，做丈夫的也同樣需要讚美、欣賞和誇獎。如果一個妻子總是強迫丈夫贊同自己，或者一味抱怨丈夫不夠溫柔體貼，所得的結果可能就是丈夫刻意逃避，聰慧妻子的做法是將自己所期望的賞識先慷慨地給予丈夫，通常就能得到很好的回饋。如果女人不是抱怨，就是擺出一副受委屈的樣子，那你得到的只能是他的反感情緒。

此外，你還要記住，沒有一個男人願意被看成是不諳世事的小孩，因此也不要用母親責備孩子的口氣責備丈夫。記住這個法則：溫柔和機智可輕易取得勝利，指責和強迫注定失敗。

英國首相格萊斯頓夫婦在一起生活了五十九年，他們一直彼此熱愛著對方。在公開場合，格萊斯頓是一位高高在上的首相，但在家中，他永遠不批評。有一次，當他到樓下吃早飯的時候，全家人還在睡覺，他就以委婉的方式來表達他的不滿：他提高了聲音，唱著不知名的聖歌，聲音充滿整個屋子，以告訴家人，全英國最忙的人已經獨自在樓下等著吃早飯了。他保持著外交家的風度，體諒家人的心意，並強烈地控制自己，從不說家人尤其是妻子的錯。

指責和批評只會使你的愛情走向破滅，如果妻子總是挑丈夫的毛病，那是因為她想把他培養成一名優秀的丈夫，但結果總是事與願違。你批評的那個人未必會還你笑容，因為每個人都自視甚高，他可能會反駁你的觀點，認為你說得不對，你別有用心、你心術不正，或者感到自己很委屈，甚至會對你心生怨恨，有些被批評的人還會按照自己的思維方式喊道：「你以為我像你那樣傻啊！」或是「你先看看自己吧。」，由此可以看出，在很多情況下，批評並不能帶來預期的效果，甚至會帶來反效果，因此，夫妻關係要和諧，不妨對他的一點點建設性動作進行表揚，用鼓勵代替抱怨，這樣就能激勵他改掉不好的習慣。

不要在男人面前誇獎另一個男人

面子是男人的原則問題，特別是在自己心愛的人面前，即使打腫臉也要充胖子，若是被別的男人比下去，恐怕會沮喪很久。然而這還不是男人最害怕的，最害怕的是妻子當著自己的面稱讚別的男人如何有本事，也許「言者無心」，但他絕對「聽者有意」，因此，聰明的女人不要在丈夫面前誇別的男人好。

除此之外，更加不要對比他的缺點來誇獎另一位男人，男人通常對同性缺乏安全感，若你用另一個男人的優點來和他作比較，可能會令他忐忑不安，精神緊張。如果你的老公很愛你，但是在能力上或者長相、身高上他本身就不如你，你再把他與別的男人相比較，在他面前誇獎別的男人如何有能力，如何會養家，又誇獎別的男人長得英俊瀟灑，高大威猛，那你的老公一定會覺得很自卑，覺得自己配不上你，覺得自己很虧欠你，於是他變得緊張起來，害怕你哪天看上一個比他好的男人。他會越來越敏感，會敵視你身邊所有的男性，會對你的言行舉動都懷疑，時間長了，他在精神上越來越壓抑，而你在他的疑神疑鬼中會覺得很累，夫妻關係也會變得越來越緊張，越來越不和諧。

男人對自己的尊嚴看得比什麼都重要，對他而言，你誇獎另一個男人就是對他的奚落，對另一個男人的讚美就是對他的不滿。男人不是傻子，他們的心也很敏感，他們也希望得到更多的讚賞，尤其是他最親最愛的人。對大多數男人來說，讚賞和鼓勵比辱罵更能讓他振奮，別隨便在你老公面前誇獎別的男人，把他說得一無是處，他們會吃醋，也會傷心，甚至會覺得失去了自尊。

有一句話是所有男人都愛聽的，那就是「不管別人怎麼說，你在我心目中都是最棒的」，這話雖然肉麻，但的確是男人最希望聽到妻子對自己說的話；反過來，儘量少拿丈夫跟別的男人做比較，應讓他覺得自己比其他男人優秀。

不要總嚮往地說你崇拜哪位男士，哪怕是男明星，他也會介意，因為他把你當做他的唯一，也希望你把他當做唯一。很少有男人會著迷哪個男明星，也很少聽到男人誇獎其他男人帥氣和優秀，因為在他們心裡，總希望自己在別人眼裡是最優秀，最帥氣，最有才氣的，他們沉醉於別人的誇獎和讚美，又怎麼能承受自己最親近的人一味地誇獎另一個男人呢？

撒嬌也要看時機

撒嬌是非常有學問的，不但有不同的技巧及方法，而且撒嬌也要看情況。撒嬌太少，男人會覺得女朋友沒情趣，太男人婆；撒嬌太多，又會令他漸漸麻木，失去感覺。不適當的時候撒嬌，會更加令人反感，弄巧反拙，所以撒嬌一定要撒好，要撒出溫柔、撒出浪漫、撒出實實在在的嬌氣。如果嬌撒得不好，就會變成撒野，那可就大大的不妙了，因為沒有一個男人喜歡撒野的女人。

女人天生就是嬌弱的，不要總裝出一副女強人的樣子。剛強的你在他面前失去了女人的美麗，有的只是一種冷若冰霜的距離感，對你這個冰山美人避之唯恐不及。身為女人，不能放棄這份女人特有的撒嬌權利。但女人撒嬌時要注意：

1.公事場合不能撒嬌：跟丈夫撒嬌本來就是兩人私底下的情趣，這種情趣最好不要帶到公事場合。否則你的行為會讓他覺得難堪，甚至會讓別人覺得他對大家的專業度不夠，進而影響到他在大家心目中的形象。

2.心情欠佳惹煩厭：避開了公事場合，也不代表在兩個人的世界裡就可以隨便撒嬌。專心做事情的時候，不管對方是多麼親近的人，都要留心他的心情。如果對方心情不好，千萬不要貿然行事，認為什麼事情都理所當然。如果你在他心情不好的時候對他撒嬌，他會認為你在無理取鬧，不懂得體貼。這樣一來，你的不經意或者一時的任性，就可能引發一場你們兩個人的戰爭。

3.見好即收最醒目：正所謂物極必反，撒嬌也是如此。選對合適的時機，也要把握好合適的分寸。也許最初的幾次，他還沒有表現出什麼，你的撒嬌也取得了自己想要的效果，但是，一直撒下去，他會覺得你得寸進尺，被嬌慣壞了，就會改變對你的態度。也或者，他會開始覺得你難伺候，難以相處，這樣，本來是一份調解生活的情調，卻可能破壞掉了其中的詩意，最終成為失意。

聰明的女人都懂得撒嬌要恰到好處，也懂得自己的命運，其實都掌握在自己的腦袋和嘴巴。

已婚男人對養家的恐懼心理

在結婚之前，男人對「家」的意識很淡薄，他們在考慮問題的時候，總是以自己為核心，他們可能通宵上網，可能毫無節制地和哥兒們吃喝玩樂。可一旦結婚，他們大多數會有一個質的轉變，會突然意識到自己需要承擔責任，這種責任不僅包括對妻子、兒女，甚至包括對過去一直忽略的父母。正由於如此，過去很多家長為了「拴」住那些所謂的「浪子」，總是逼他們早早結婚。

然而，正是這種「家」的責任感，給他們帶來了巨大的壓力，進而使其產生極大的恐懼心理。對男人來說，在所有恐懼中，對失去工作的恐懼應該是最嚴重的。

作為妻子的你，也許不能完全明白，丈夫對工作所持有的恐懼感。每天他回到家中，總是一副堅強又無畏的樣子，似乎他永遠都知道，自己要如何走前面的路。可不幸的是，這只是表面現象，在他的內心深處，承受著巨大的壓力。對於男人來說，他的工作代表了他的價值，若失去工作，就等同於失去價值。

如果你問一個單身男人：「如果你失去工作，怎麼辦呢？」他可能不假思索地回答：「再找就是了。」可是，對於已婚男人來說，這個問題就不這麼簡單了。對他們來說，工作不愉快或害怕失去工作，都會影響其身體及情緒上的健康，如產生消化道潰瘍、高血壓、腸胃炎、性無能，或是情緒崩潰等。因此，雖然男人不滿意工作或擔心失去它，但失去了工作，才真是要了他的命。

男人一旦失去工作，他同時失去了薪資及福利——醫療、退休金、有薪假期、病假、公司補貼等，不僅如此，他還有一個比喪失薪資或福利更嚴重的損失——喪失自我。他認為自己好像突然變成「零」，與人交往成為一件難堪的事情，因為大多數人談話中心都圍繞著「你做什麼事」，似乎把你做什麼工作看成是「你是誰」的身份證明。男人因此回避和退縮，最後陷入害怕和孤立的幽暗之處。

因此，如果你的丈夫心情不好，他可能是面臨工作的壓力，你最好找到合適的方法幫他分擔一些；如果你的丈夫面臨失業，你更應該鼓勵他，讓他重新振作，否則一旦他由於巨大的心理壓力徹底崩潰，可能整個家就毀了。

別用自己的標準衡量對方

每個人本身都是「藝術品」，而不是「半成品」，人人都企望被欣賞，而不願意被雕塑。所以，不要把婚姻當成一把雕刻刀，老想著把對方雕塑成什麼模樣。兩人相處需要藝術的眼光，要懂得從什麼角度欣賞對方，而不是去束縛對方，彼此之間的空間太小了，誰都會感到不安。

《聖經》中神對男人和女人說：「你們要共進早餐，但不要在同一碗中分享；你們要共用歡樂，但不要在同一杯中啜飲。像一把琴上的兩根弦，你們是分開的也是分不開的；像一座神殿的兩根柱子，你們是獨立的也是不能獨立的。」

這段話說明了婚姻關係中兩個人的韌性關係，拉得開，但又扯不斷。誰也不能過度地束縛對方，也不能彼此互不關心，有愛，但是都在適度的範圍內，這才是和諧的婚姻。可是很多人似乎並不能體會婚姻的真諦，在他們眼裡，對方身上有很多缺點，他們常常試圖以各種方法讓對方改掉壞習慣。可是習慣的產生是日積月累的，已經存在了幾十年，當然不會輕易改掉，於是夫妻之間的爭端就產生了。

為了達到目的，一方當然就希望甚至迫使另一方摒除以往的習慣和言行，以符合自己心中的理想形象。但是有誰願意被雕塑成一個失去自我的人呢？於是「個性不合」、「志向不同」就成了雕刻刀下的「成品」，離婚就成了唯一的路。

婚姻，不是一個人的付出，只有兩個人同心協力，才能營造一個溫暖的家。可是並不是所有人都能注意到對方的付出，甚至有的人會把對方的付出看作是理所當然。如果對方稍微有什麼地方做得不好，就加以指責，這樣的做法無疑會傷害對方的心，會讓他覺得一切的努力都白費了。

愛一個人，就應該讓他感覺到幸福，而不要給他原本疲憊的心靈增加新的創傷。所以，在夫妻生活中，一定要相互扶持，相互欣賞，相互鼓勵。雖然因為個性的不同，兩個人沒有辦法完全融為一體，但一定要讓對方感受到你的存在，讓他體會到你對他的欣賞和愛護。在他犯錯的時候，給予善意的提醒，而非指責，有時候一個善意的眼神也會讓對方覺得很溫暖；在他犯小錯的時候，給予適當的愛撫，告訴他「你真可愛」，一句看似不經意的話語，卻可以激起愛的漣漪，讓對方感受到你的體貼。

每個人都有缺點，我們要做的是在對方的缺點中找尋到對方的亮點，而不是試圖改造對方，如果你想徹底把愛人改造成自己希望的樣子，不如先試著改造自己。

8. 不只要嫁得好，還要過得好

唯有不斷努力婚姻才會成功

男女間的感情不會永遠不變，兩人要想長相廝守，必須時刻努力著。嫁得好只是獲得幸福人生的第一步，一個女人想要婚姻幸福，除了嫁對好老公外，還應該多花時間在婚姻的經營上，要不然這顆種子播種下去，得不到良好的照顧，就算是一顆良種，也結不出豐碩的果實。

要給婚姻添點陽光，在旁人面前「曬曬」你們的幸福。一段感情如果長期不見天日，會因為無法得到肯定而開始自我懷疑。現在越來越多人在網路上「曬恩愛」，因為這樣會讓感情受到更多人的關注和祝福。同時，利用這樣的方式提醒自己，這段感情對自己的重要意義，還會讓夫妻因為受到眾人的注目，無形中會讓兩個人因為受到越來越多的肯定，而有越來越多的信心和動力，經營最美好的婚姻。

幸福婚姻還要給婚姻澆水，讓兩個人在婚姻中多一分理智的頭腦和清醒的思維。過於炙熱的感情需要冷靜，這時相互潑潑水，可以讓兩個人看到彼此之間還有差異存在，還需要磨合，還有進步的空間，要避免激情一下子用完，使得兩個人在之後的時間裡，沒有更大的潛力可供開發。當兩人關係過於緊張，需要緩和的時候，也需要相互潑潑水，讓彼此都冷靜下來，可以回到各自的空間好好想想，心平氣和地坐下來溝通。感情中，最平淡的也是最雋永的是長久的廝守。

再要給婚姻通風，再親密的兩個人也必須保留有各自的空間。形影不離只會讓兩個人都感到透不過氣。結婚之後，兩個人都還應該保留自己的朋友圈子，花時間在各自的人際交往上，不僅是為家庭打造更好的人脈關係，也是讓夫妻之間保留一些新鮮感，不能因為日日四目相對，而顯得平淡，最終厭倦。

給婚姻除蟲，及時消除雜念，保持忠誠的信念，會幫助我們維護婚姻。在感情的世界裡，人們總難免遇到一些誘惑——金錢的誘惑、美色的誘惑、自由的誘惑，都會像一條條蛀蟲，借欲望之名啃噬掉人們看似牢固的信念，讓外表看起來堅不可摧的感情內部千瘡百孔，岌岌可危，所以及時地除蟲可以讓這些欲望在對婚姻造成威脅之前就被終結。要及時溝通，並且相互給予鼓勵，幫助對方戰勝心魔，早日走出因為不滿足而帶來的不安和動搖。

給婚姻鬆土，梳理兩人關係中出現的問題，制訂未來家庭發展的計畫。舊的問題不解決，會越積越大，最終成為兩人關係中的毒瘤，根深蒂固地駐紮在感情的根基，阻撓兩人關係的改善和發展。而如果能越早在關鍵問題上達成一致，兩人關係就越容易得到進步，這些關鍵問題包括家事問題、財務問題、孩子教育問題和奉養長輩等，也正是這些瑣碎又重要的事項構成了婚姻的主體。

如果你想要一個幸福美滿的家庭，必須多花時間在家庭的經營上，就像種瓜那樣，投入最大的精力，才能種出最甜美、最漂亮的瓜。

做他的伴侶，而不是他的包袱

戀愛時，女孩子都有那麼一點依賴和任性，要對方像自己的父母一樣瞭解自己，她們像一隻弱小的動物，希望眼前的這個男人可以隨時保護自己。其實，不管是婚姻還是職場，依賴導致的最終結果是失敗。婚姻裡，要做他人生旅途的伴侶，而不是他的包袱，走到哪裡，都得氣喘吁吁地提著。這樣做，最終他會累到不行乾脆放手，再也沒有力氣來愛你、保護你。

某個化妝品名人就曾說過，除了健康和美麗，女人最需要的魅力就是獨立。獨立的女人雖然沒有溫室花朵嬌豔的外表，但她是一株站立在山間臨風搖曳的野菊花，在風雨霜露之中，總是披著它墨綠色的外衣，昂著淡紫色的頭顱，秉持著美麗的心情，迎著涼爽的秋風唱著屬於自己的情歌。

優質男多半不是含著金湯匙出生，就是事業上輝煌的成功人士，他們心中的模範愛侶，自然不是一個為工作發狂的女強人，但也不是一株嬌弱無力只會依賴他人的藤蔓植物，更多的時候，能夠獨當一面，在事業上小有成就的女人才能入得他們的眼，這才是愛情生活上的門當戶對。

許多女人一心想要嫁入豪門，一夕之間飛上枝頭變鳳凰，然而，不是所有的麻雀都能成為鳳凰，要具備獨立自主精神的麻雀才有變身鳳凰的潛質。在豪門的榮華富貴面前，如果女人不能獨立自主，就容易迷失了自己，成為他人的心靈奴僕，逐漸抹殺了自身的亮點，而他的背叛也是遲早的事。

女人要有獨立自主的能力，才能讓愛情平等，讓幸福永恆。女人有了獨立自主的能力，才能把握自己的夢想，才能駕馭自己擁有的一切，包括你的愛情。能夠獨當一面的女人，能讓你心儀的他在激烈的職場壓力之下，享受一絲休閒的愜意，多一絲精力來讀懂你的美麗。因此，你必須：

第一，**培養自己遇事多動腦的習慣。**凡是拿不準的事情，要自己反覆思考後，拿出解決問題的初步方案與丈夫商量，久而久之，就會使自己積累些經驗，為日後自己單獨處理好問題奠定基礎。

第二，**要培養自己的自信心和獨立意識。**要明白過分依賴不是在加深或鞏固丈夫對自己的愛情，而是在削弱自己在丈夫面前的吸引力，是在摧毀愛情；同時要加強自身修養，培養良好的生活習慣。

第三，**要有勇氣按照自己的願望、意志行事，不要總是違心地討好丈夫，而失去自我。**遇事要有主張，而不是看丈夫的眼色行事。要知道，只有獨立才會受到別人的尊敬，那些敢於獨立思考、獨立行事，並獲得成功的人，才是最令人欽佩的。

雖然你們因為婚姻結合在一起，但請記住你們仍然是兩個個體，各自都需要發展。完全依賴對方，不僅失去了自我，你還會成為對方的累贅，讓他不厭其煩。所以，不如多多關注自己，與他構建更平等的婚姻關係，就像戰友一樣，平等、互相幫扶，共同對抗漫長歲月對感情的侵蝕。

把對方的優點數一數，再放大

男人需要肯定，猶如女人需要認同，妻子的肯定會讓男人感到愛和力量。但有些女人總是拿自己老公的短處和別的男人比，越比越失望，越比越瞧不起自己的老公。女人渴望完美的伴侶和完美的婚姻沒有錯，但若是處處挑剔，只會把婚姻弄得千瘡百孔。

林肯是一位偉大的總統，我們通常看到他光輝的一面，很少有人知道他不幸福的婚姻，在林肯夫人的眼裡，林肯的一切都是不對的。她認為丈夫走路難看，沒有風度，簡直像個印第安人，又嫌他的手足太大，兩隻耳朵與他的頭成直角地豎立著，甚至說林肯的鼻子不直，嘴唇像猩猩……她不停地向他發怒、挑剔，最受不了的是她那尖銳高亢的噪音，隔街都能聽見，經常鬧得四鄰不安。除了用聲音發洩內心的莫名仇恨，有時她甚至在客人面前把一杯熱咖啡迎頭潑在林肯的臉上，任林肯如何勸說退讓，都改變不了這刁蠻的「第一夫人」。他後悔這段不幸的婚姻，每到週末，大家都歸心似箭，只有林肯最怕回家，寧可躲到無人察覺的地方稍歇片刻，因為他實在無法忍受妻子那沒完沒了的挑剔。

夫妻之間若只盯著對方的一點小毛病，而看不見對方的優點，對於婚姻的鞏固十分不利。其實每個人身上都有許多優點，在挑剔對方之前，靜下來想一想，把對方的優點數一數，再放大，一定會有所收穫。

以下是個真實故事。一個四十歲的美國女人，她做了一件令人吃驚的事情，她在報紙上刊登了一則廣告，廣告的標題赫然寫著——廉價出讓丈夫一名！

是的，她要廉價賣掉自己的丈夫，原因是她不再欣賞自己的丈夫，因為他只喜歡旅遊、打獵和釣魚，每年從四月開始便離開家，外出去釣魚或探險，直到十月初才回來，整整半年都在外頭遊蕩，而她卻不喜歡外出。在結婚二十多年後，她感到了孤獨，終於厭倦自己的丈夫，於是，她要賣掉自己的丈夫，而且是廉價賣掉。她在廣告上還附加了優惠條件——收購我丈夫的人，還可以免費得到他平時喜歡使用的全套打獵和釣魚裝備，還有丈夫送給她的牛仔褲一條、長筒膠靴一雙、T恤兩件、狼狗一條，以及自製的曬乾野味五十磅！

她原本認為這樣糟糕的丈夫是沒有人要的，但事實卻讓她大感意外，在廣告登出的一天內，她居然接到了六十二位太太小姐們的電話，其中的二十三位都是很誠心的。其中有人認為她的丈夫具備冒險精神，是一個真正的勇者，這樣的男人可以依靠；有人認為她的丈夫崇尚自然，這樣的男人比較有生活激情，和這種男人相愛，一定是很健康的；有人覺得這個男人愛好休閒的生活方式，正是最懂得生活的人……各種理由似乎證明這樣的男人簡直無處尋覓，所以她們真誠地希望能合法購買她的丈夫。

當這些購買者把購買的理由說出來時，這個女人才猛然發現，自己的丈夫原來有這麼多優點，還有這麼大的魅力，而自己卻一直沒有發現。第二天，她在報紙上又補登了一則小廣告：廉價轉讓丈夫事宜，因為種種原因取消！

從戀愛走向婚姻，雙方的缺點就凸顯出來，人無完人，學會忽略對方的缺點，放大對方的優點，你會看到一個與眾不同的人，尋找對方身上哪怕最微小的優點，也有助於夫妻關係的和諧。夫妻之間要繼續深入的瞭解對方，尤其是著重瞭解對方的優點，才能長相廝守。聰明的女人，一定要先看到老公的優點，並鼓勵他發揮長處。

因為吵架，所以不會離婚

有人戲稱夫妻吵架就像女人的生理期，每月來才正常。吵架是對情感中蓄積不良情緒的一次釋放，好像婚姻的「安全閥」，偶爾吵架的婚姻更趨於穩定，相反從不吵架的夫妻，因繁雜的情緒長久積累，反而會使婚姻「超載」，有翻車的危險。

完美的婚姻不是沒有，但是極少，身處婚姻中的男女，沒必要將吵架當作是多了不得的事情，甚至因此認為你們的婚姻進入危機，要以一顆平常心對待彼此之間的分歧和爭吵。要知道，和諧的婚姻並不在於兩個人志同道合，完全沒有爭吵，而在於爭吵發生後，彼此知道如何處理與面對。夫妻爭吵應遵循以下三個原則：

一是爭吵時先處理心情，再處理事情。夫妻吵架往往不在於誰對誰錯，而在於雙方的心情好壞。心情好，能把壞事看成好事；心情不好，能把好事看成壞事。老年夫妻往往把對方的優點、短處，忽略不計，或看做理所當然，而只斤斤計較對方的缺點、毛病，總是將這些看在眼裡，煩在心裡，於是挑剔、指責不斷，吵架不止。夫妻間如果一方長期被挑剔、否定、指責，一定會發洩不快，夫妻吵架就在所難免，而且會由小吵到大吵，由善意轉變成惡意。

二是不要企圖改變對方，而要努力改變自己。夫妻在一起共同生活，但是二人的興趣、愛好、性格、思維模式和行為習慣很少有完全相同的，所以，各自對待生活的態度、處理事情的思想和方法會有很多不同，夫妻應該互相包容和順應，而不能企圖抹殺或改變，更不能企圖把自己的興趣、愛好、思維模式及行為習慣強加給對方。

三是夫妻爭吵時不求勝利，只求溝通。夫妻吵架不必爭誰是誰贏，只要在吵架中把自己心中的不滿「吵」給對方就夠了。通過吵架，即使對方沒能完全接受你的觀點、想法或意見，也已交流了感受及想法。儘管吵架是一種被動的溝通，但它比夫妻間有氣發不出來，而悶在心裡好得多。

夫妻吵架時，彼此都處在不冷靜的狀態，腦子一熱，什麼話都說得出來。記住，以下的話以及與之相類似的話，屬於爭吵中的「忌語」，這些話最容易傷害夫妻感情，如果你希望夫妻能夠白頭偕老，不管當時怎樣生氣，也不能將之說出口：

1. 窩囊廢（真沒用）。
2. 跟你結婚真是倒了八輩子楣。
3. 人家好，你就跟他去呀！
4. 當初我真是瞎了眼，才嫁給你！
5. 要不是看在孩子的分上，我早就和你離婚了！
6. 你給我滾，滾得遠遠的，我再也不想看見你！
7. 我對你已經絕望了，你想怎樣就怎樣！

只要把握了吵架的原則，吵架也可以成為一種排毒工具，吵吵鬧鬧一輩子，痛並快樂著，其實，才是婚姻的真滋味。

善解人意更勝國色天香

沒有男人不愛美女，但是男人心裡也都明白，美妻未必是賢妻。遇上國色天香的美女是運氣，遇上善解人意的女人才是男人一世的福氣。

關於好女人，作家李敖有十分明晰的標準，他說：「真正夠水準的女人，她聰明、柔美、清秀、嫵媚、有深度、善解人意、體貼自己心愛的人，她的可愛是毫不囂張的，她像空谷幽蘭，只是不容易被發現而已。當你發現了這種女人，你才知道她多麼動人。一通電話，她使你魂牽；一封來信，她使你夢縈。在大千世界裡，兩情神馳。」

善解人意的女人明白自己的需要，也理解男人的需要。她知道身邊這個男人雖是她今生今世的最愛，但作為一個獨立的男人，他那顆心在屬於她的同時，更多的還是屬於他自己；她知道，在男人的骨子裡，事業比愛情更重要。因此，善解人意的女人無論在什麼時候都不會把男人當成私有財產，不會霸道地佔據男人所有的時間、讓男人對自己言聽計從，不會在男人忙於工作時抱怨他不顧家，也不會又哭又鬧，讓男人時時刻刻擔心著自己。善解人意的女人知道好男人就像是在高空中盤旋的鷹，只有當鷹累了，才會回到女人身邊，享受她的溫情。善解人意的女人不會刻意要求男人的浪漫，她們深知平平淡淡才是真，精心別緻的晚餐，生日時的一份禮物，讀書寫作時送一杯香茗，點點滴滴都是情。

善解人意的女人知道男人也有脆弱的時候，他們把面子看得比什麼都重要；善解人意的女人知道在男人的精神世界裡有哪些禁區，她總是很小心不去碰這些禁區，盡力去保護男人的自尊。當男人被某種事情糾纏住，自己不願或不便去解決時，善解人意的女人會在男人還沒開口時就去把事情辦妥，且就當沒發生過那件事一樣；善解人意的女人絕不會和自己的男人鬥氣，絕不會像潑婦一樣把男人打得像隻鬥敗的公雞。

在生活的河流上，夫妻兩人同乘一條船，用風雨同舟顯然已經不夠了，因為在男人眼裡，善解人意的女人不僅僅是坐船的，也不僅僅是划船的，而是幫著男人撐船的，當他失落時，能倒在她懷裡任憑她溫言細語安慰；當他忙碌時，總有一個身影為他打點好家中的一切；當他犯錯時，她會用一顆包容孩子的心來寬容他。

這也就是為什麼，成功男人的背後都有一個偉大的女人，或許她已不再貌美，卻有一顆善解人意的睿智心靈，讓她的男人時時感覺自由、安全感和力量。

「七年之癢」是可以跨越的

如果你問別人浪漫的愛情是否可能一直持續下去，很多人肯定會表示懷疑，很多文學也認為愛的激情是很難長期存在的，因為大家都認為「七年之癢」的出現必定會破滅人們「執子之手，與子偕老」的美麗幻想。

「七年之癢」是指婚姻發展到第七年就會出現問題的形容，從充滿浪漫的戀愛到實實在在的婚姻，在平淡的朝夕相處中，彼此太熟悉了，戀愛時掩飾的缺點或雙方在理念上的不同，此時都已經充分地暴露出來。於是，情感的疲憊或厭倦使婚姻進入了瓶頸，如果無法以有效方法通過這一「瓶頸」，婚姻就會終結。在現實中，婚姻真的出現問題，不一定在第七年，或長或短，可能只要一年、兩年，甚至結婚不久就可能癢起來了。

所以，很多人都是談「癢」色變，甚至因為害怕經歷這種愛情消退、浪漫不再、激情難尋的痛苦，而遲遲不肯進入婚姻的殿堂。但是據最新的研究顯示，婚姻並不是愛情的墳墓，更不是浪漫的終結，很多結婚數十年的夫妻依然深愛著對方，長期的夫妻關係中依然充滿了激情和浪漫的愛情，並不亞於熱戀中的男女。

如果談戀愛時的浪漫像一團烈火，那麼，結婚後夫妻之間的感情則是長久的、伴隨終生的脈脈溫情，這種溫情，一直浸透在互相理解、互相尊重、互相關心、互相照顧之中。結婚後，夫妻朝夕相處，彼此之間的接觸越來越真實、全面、細緻，神秘感逐漸消失，這就需要更多的寬容和理解，以及經常製造一些浪漫。

無論巧克力霜淇淋的味道有多麼好，紫丁香花開得有多麼香，風景區的山水多麼美，我們最終對它還是會失去強烈的興趣而變得淡漠。每個人都渴望愛情，期盼自己的愛情能天長地久，但心中常常不確信到底有沒有長久不變的愛情，熱戀中立下的山盟海誓能否實現。答案是肯定的，但是光有滿腔的熱愛還不夠，還需要讓生活充滿樂趣。

女人的魅力來自出乎意料的驚喜，總是能呈現自己不同以往的一面，總是充滿對新鮮事物的好奇心態。對男人來說，這類女人更能讓他們相信，婚姻並不是愛情的墳墓，生活不是一成不變的，和她生活在一起，對男人來說是一種冒險，他抱回家的不是一只沉甸甸的大衣櫥，而是一個百寶箱，始終能有意料之外的驚喜。

認識再久也要保留神秘感

在兩性心理特徵上，男人對充滿神秘感的女人有探索欲、求知欲和征服欲。羅蘭也曾在談女演員裸照時，認為裸照降低了表演的魅力，因為它減少了神秘的元素，將裸未裸比一絲不掛更有誘惑力。

很多妻子婚後和丈夫日日重複著同樣的生活，丈夫連她的笑是什麼樣子，哭是什麼表情，大喊大鬧時什麼樣的模樣都烙在心裡，於是生活失去了色彩，變得乏味，感情也因此變得淡薄。

生活中存在很多這樣的愛情現象，許多女孩都在疑惑，為什麼男人一旦擁有了自己，就不像以前那樣愛自己了，那就是因為雙方一旦進入這種狀態，就開始要求對方要向自己開放、坦白，不允許對方有隱私。你不再神秘，他沒有想探尋你的願望，所以，他就要開發新的神秘目標了。

因此，與男人的熟度只需七分。即使是在愛情最甜蜜的時候，女孩也別忘了在自己和心愛的他之間保留一層朦朧的面紗，給他一種霧裡看花、水中望月的神秘美感，讓男人永遠覺得你是一本百讀不厭的書。變，不停地變，將自己的心靈不斷地放逐，將自己的外表不停地遷徙，永遠保持著神秘感，這是給男人最好的禮物，也是女人保持魅力的最好手段。

當兩個原本陌生的人第一次交流，對彼此都充滿了好奇，言談中充滿了試探，努力想要探聽對方的情況，這是人之常情。但是，對方一旦瞭解了你的全部，對你的興趣也會隨之急速冷卻。因此，要使每次約會都有新鮮感，並使他一直對你抱有興趣，一定要在戀愛期間保留一點神秘感，讓他對你有尚不明白、尚搞不清楚的部分。

例如，你與一位男子已經很親密了，但在他侃侃而談時，你突然視線移開，陷入沉思，或者無意識地移動一下位置，拉開與他的距離，卻又在注意聽著，這些都會使這位男士增加對你的神秘感和好奇心。即使第一次見面，他也會對你留下深刻的印象，而產生第二次、第三次見面的欲望。如果你也正有此意，那麼這種若即若離的態度會使你像一塊磁石一般，將他越吸越緊。

「神秘感」的另一層含義是「新鮮感」。當一個女孩在男人的眼裡失去了神秘感，也就失去了新鮮感，而從哲學意義上來說，喜新厭舊是人的本性，無論是男人還是女孩都一樣，喜歡新鮮的東西，而對習以為常的事情不感興趣，這是人之常情。問題在於怎樣使你總是「新」的，怎樣保持你的神秘感，哪怕認識長達十年，也應保留神秘感，成全他的萬般想像，吸引他的探索欲望。

枕邊話，越聊越有趣

好的家庭互動會讓女人一生都得到滋養，尤其是對結了婚的女人而言，夫妻之間應該共同打造屬於自己的交流天地。在社交藝術中，有一條經驗為「沉默是金」，而家庭內，特別是夫妻間，如果也「無話可說」，那你就得警惕兩個人的關係是不是出現了危機。

很多人在選擇結婚對象時，都希望能找到一個聊得來的人，尤其是夜半時分，說說「枕邊話」，多麼溫馨。有些話與朋友、同事或上司進行交流，可能成為壞話、性騷擾或阿諛奉承……但夫妻間小聲密談，卻是一種享受，一種親密的溝通。交談可以讓對方知道自己心裡想什麼，也從對方的言談中瞭解他的需要、渴求，甚至憂慮。用心交談，比接吻質樸、深遠，娓娓道來，一種「同謀」的感覺，使得兩人更感性地領略到什麼叫「知心」。

一對原先不分彼此的男女，如果到了無話可說，或有話不說的地步，那無疑是在受罪。家庭是情緒的回收箱，也是言語的後花園，好話、壞話、情話、笑話，幾乎什麼都可以與另一半敞開心講，這是一種信任，也是一種抒情。您可以對老公說「討厭」，但對男同事就不一定好說了；您可以叫老婆「貓貓」或「狗狗」，但對朋友這麼稱呼，不是顯得太肉麻，就是不禮貌。更重要的是，夫妻夜談，可以消除誤會，比如，老公下班回來給妻子一個擁抱，敏感的妻子從他身上聞到一種香味，於是，她就想：肯定與哪個狐狸精擁抱過……越想越氣，越氣越不想說話，最後只好大吵一架。試想，如果當時能捏一下老公的臉，說：「你身上沾了哪一個女人的香味？」老公一定會笑著告訴她，是同辦公室一個先生故意把香水灑在他身上，讓他回家『不好交代』……」這純粹是一個玩笑，但因為彼此回家不說，結果誤會加劇，戰爭爆發。真應了那句俗話：燈不點不亮，話不說不明。

曾有一對夫妻，在報紙上看到一則拍賣廣告，都對其中的一幅油畫很滿意，當時，他們都決心買下來，但都沒說。拍賣當天，會場人山人海，他們兩人分頭進入。在幾次舉手投標後，妻子發現有人跟她競拍，便一鼓作氣，不斷叫價，最後以超過底價五倍的價錢買下了這幅油畫。結果散場時妻子才發現，那個競爭對手竟是自己的丈夫。

不久前，日本一家壽險公司做了一次調查，發現日本夫婦每天一般可交談一小時五十分鐘，對此，他們覺得奇怪，日本夫妻每天竟有這麼長時間在交談。後來經過進一步分析，才發現不是「交談」，大多數情況下，是妻子在嘀咕，丈夫只是偶然點頭或「哦」一聲而已。調查還發現，日本丈夫和太太的談話主題有三大項，就是「吃飯」、「洗澡」和「睡覺」，對此，日本有位婚姻專家分析指出，日本離婚人數越來越多的原因，就是日本夫妻的「交談」次數越來越少。如此看來，夫妻間的感情接觸，隨時隨地都可以進行的就是談心。

談心、聊天是夫妻之間最放鬆的互動，家本來就是一個讓自己回歸自我，排憂解煩的地方，未來的和諧建立在彼此用心溝通之上，願每一對伴侶都能打造起自己的情話天地。

讓他感到舒適，才能留住他的心

有人說，讓男人在家感到舒適，是留住男人心最好的方法。作為妻子，你應當相信這一提示和忠告。

婚後，每個女人都想做個好太太，但有時候男人在家卻得不到休息和放鬆，因為他的太太總是要求太高。例如，孩子不可以把朋友帶回家，因為這會弄髒她一塵不染的地板；先生不可以在家裡抽菸，因為這會使窗簾沾上菸味；當看完一本書或報紙，就必須準確地放回原處。給丈夫一個幸福的家，首先要營造輕鬆和諧的氛圍，你做到了嗎？

對大部分男人來說，他們寧願住在一間收拾整潔的帳篷裡，也不願住在凌亂不堪的豪宅。那些吃飯沒有一定的規律，或是到了吃飯時間，上頓飯用過的碗還泡在水槽裡沒洗，廁所散發著一股異味，臥室裡一片狼藉等等，這些現象會使男人寧願跑到球場、酒吧去，因為對男人來說，除了自己的散漫凌亂可以忍受外，似乎無法忍受其他人的不整潔。

卡內基夫人曾說過：「我的丈夫就是這樣一個人，他曾對我說，在認識我之前，他曾打算向一個漂亮、迷人的女孩求婚，但後來他打消了這個念頭，只因為有一天他到她的住處去找她時，發覺她房間裡凌亂不堪，就像敵軍剛來洗劫過似的。」

因此，要避免家裡長期不整潔。任何一個有修養的丈夫，對於偶然發生的錯都是能夠體諒的，在繁忙的日子，他也會愉快地吃著剩菜，當我們碰到一些不尋常的問題必須應付時，他也會幫忙或是替我們解決，只要這種事情不是時常發生就好。

作為一個男人，不管他的工作性質如何，也不管這項工作對他來講具有多大的誘惑力，或者使他多麼著迷，總會給他帶來某種程度上的緊張感。在他回家以後，如果有個舒適、清靜和井然有序的環境，使這些緊張與疲憊得以消除，他的心理、身體和情感就能得到平衡，他就能有更加充沛的精神和體力迎接挑戰。

家對於女人來說，就是最私密的地方。有陽光的時候可以曬曬太陽，沒有陽光的時候，可以窩在沙發上看電視，盡情享受家的溫馨。冬天穿上厚厚的襪子，直接坐在地上也不會覺得寒冷，夏天光著腳，穿著少得不能再少的衣服在自己的天地裡進出，在自得其樂中享受作為情趣女人的愜意。

女人與家，天生有一種無形的維繫。一個聰明的妻子，總是善於佈置自己的家，讓家充滿溫馨、充滿情調，使丈夫靈魂找到真正的歸屬地，從而使婚姻更長久、更幸福。

9. 下一個男人會更好

分手時留給對方一個美麗的背影

當愛情已經變味，當你深愛的男人甘當愛情的叛徒，何必執著？風過了就過了，他走了就走了，一切已經無法回頭，那又何必再想，何必苦苦哀求？更不要向他報復，要知道，你的幸福其實就是對他最大的報復。

愛情之所以美麗，正因為它是自由選擇的。他愛你的時候是真的愛你，他不愛你的時候也是真的不愛你，這是他的自由，他的選擇，女人的人生不必為他人的自由選擇背負責任，你有你的自由，你有你的選擇。當愛已遠走，何必強留？

愛情不是單行道，一個人的愛情不是愛情，愛情要在兩個人的共同呵護下才能綻放出美麗的花朵。如果其中一人心生去意，注定這朵愛情之花的凋謝。女人，相較男人而言，更具有無私奉獻的癡情精神，也更脆弱，更容易受傷害，但愛情這個東西是無法解釋的，也難以分辨對錯。在愛情破產之後，女人再恆久地期盼和等待，只會換來更深的痛苦和寂寞，既然心已走遠，彌補和挽留又有何用，還是將目光朝向未來吧，前面路上還會有鮮花和希望，多給自己一次機會，你會發現下一個男人，更好。

當他離去，你不必一邊哭泣，一邊埋怨自己「他不要我，是我不夠好」，這是一句蠢話，並非事情的癥結所在。或許正是你的好，讓他倍感壓力，從而心生去意。他覺得與你在一起不能彰顯他的強大，他感到了深深的疲憊，渴望掙脫你的陰影。

在古代，如果你沒有卓文君的絕妙文筆，寫不出「聞君有兩意，故來相決絕」的詩句，去打動郎君的鐵石心腸，就只能悲戚戚哭回娘家；而在如今這個「她時代」，棄婦本身已沒有那麼嚴重的悲劇意義。做棄婦不可怕，可怕的是被拋棄後一蹶不振，終生潦倒。棄婦所要做的就是應該不動聲色，繼續生活，沒了你，我亦能愛上別人。

在感情的世界裡，全身而進，也要全身而退。當愛情來臨，不要懷疑，全身心地投入幸福的甜蜜之中，當愛情之花凋零，亦要堅決地抽身離去。別去恨他，因為恨也是一種變相的愛，證明你還留戀曾經的美好，證明你心中殘存一絲糾結。恨也需要力氣，對於一段無可挽回的往事，何必再耗費你的力氣呢？不如瀟灑地和過去揮一揮手，說聲珍重，留給對方一個美麗的背影。

別被失戀打敗

脆弱的女孩子，一旦失戀就像生了一場大病，無心就學也無心工作，懶得收拾房間也懶得收拾自己，從一個陽光漂亮的小美女墮落成病懨懨的邋遢女。你問她，她要說：都是失戀惹的禍。

失戀固然痛苦，但不是折磨自己的理由；愛情是重要的，但它不是生命的全部，人生還有事業、親情和友情，還有許許多多重要的事情需要我們付出精力去追求，所以失戀後絕不能從此委靡不振，失去對事業追求的志向和信心。

你應該繼續相信生命中會有屬於你的天地，屬於你的幸福，即使遇到暫時的失敗，也不應放棄對愛情的追求。因為失戀就無心工作，從而消沉下去，是一種懦弱的表現；而因為失去了一個摯愛的人而決定一輩子獨身，也是不實際的，你應該相信自己還有追求愛的能力和接受愛的勇氣，繼續去叩響愛情的大門。

不要因為失戀帶來的痛苦和憤怒而去做蠢事，那只是一個人幼稚淺薄的舉動，是愚昧無知的表現。因為失戀就想要自殺，甚至心生報復，不但不是解除痛苦的良藥，更會造成違反道德人性，觸犯刑律的結局。

如果對方是因為你的缺點棄你而去，你可以站在對方的角度想一想：假如我遇到這樣的情人，犯了這樣的過錯，我能不能容忍？如果可以從自責、自恨到發誓改正缺點，以嶄新的姿態去尋求新的愛情，一定會讓你從失戀中得到成長。如果對方因見異思遷、喜新厭舊或其他消極情緒與你決裂，你不妨這樣想一想：既然戀愛時就對我這樣，結婚後更不知會是什麼樣了？這樣一來不僅心裡舒服，而且會對自己的明天更加有信心。

如果兩個人說好了分手，那麼不要再保持著曖昧的聯繫。尤其是當一方有了新伴侶之後，更要注意保持距離，不能藕斷絲連，否則不僅不會讓舊情徹底結束，還會讓新戀情也遭受到離間和破壞。

失戀後要培養樂觀豁達的健康心理，振奮精神，把眼光投向未來，而不是死盯在眼前的愛情挫折上。當然，冷靜地分析一下過去失戀的原因，吸取一些教訓，有助於心情的開朗。

要知道到失戀首先是一種幸運，其次才是不幸，因為正是失戀證明我們曾經真正的愛過；儘管後來失去了，但我們的人生已由此變得豐富，感情由此變得深沉，氣質由此變得成熟。

戀愛是一次已完成的選擇，失戀面對的是即將而來的選擇。在以後的日子裡只要有一個能與你心心相印的人，我們就可以回頭對歲月說：謝謝，我慶幸那次失戀。不要過分傷心，要相信那個真正能給我們幸福的人，正在不遠的前方等待。

解決失戀最好的辦法就是微笑，不管是對自己，對周圍的人，還是對對方，都要帶著樂觀和坦然的情緒，這樣對誰都有好處。很多人失戀就大呼小叫，痛罵自己，感到自己是世界上最無助的人，或者在失戀後就謾罵對方，說對方是沒有眼睛的低能兒，這樣的舉動都是不明智的，要知道，失戀對雙方的打擊都是一樣的，你痛苦，對方可能要承擔雙倍的痛苦，不僅要忍受自己失去愛的悲痛，還要承受眼睜睜地看你受苦，卻沒有辦法給予安慰的沉重。一個人心傷得越深，越會增加自己和對方不必要的痛苦，根本不能解決什麼。

失戀的女人首先要戰勝自己那顆軟弱的心，不給自己找藉口、找理由，別再自毀下去，要把自己養得白白胖胖，臉色白裡透紅，「為伊消得人憔悴」，根本不值得，要用理性保護好自己，如果任憑自己枯萎下去，就算有好男人經過你身邊，他又怎麼會注意憔悴不堪的你。相信好男人正在路上，雖然你還未遇見他。

失去的是戀情，得到的是成長

在愛情中，誰都不可能一次跳級到博士，因為成長是需要付出代價的。

女人對於愛情往往比男人更加投入，到最後，即使沒有得到什麼，也一定學到了什麼。失戀是一件讓人傷心的事，尤其是初嘗愛情的人更是覺得痛不欲生，但這份讓你心痛難耐的情愫，卻可以成為你真正成熟的契機。一段戀情，哪怕是失敗了，你可以把它作為一面鏡子，從中可以更加清楚地看清對方，也看清自己。經歷過失戀，並且最終擺脫痛苦，才能讓人以更加成熟和從容的態度對待感情，雖然不能保證你以後的感情生活一帆風順，但卻能讓你感覺到內心的成長。

失戀不一定就是損失，它在經歷了痛楚之後，讓我們更加瞭解自己，也更加懂得如何判斷和珍惜新的戀情。

而如果說失戀是一種損失，那我們失去的不過是一個不愛自己的人，而對方失去的，卻是一個深愛他的人，相比之下，誰的損失更大呢？一個男人從我們的生命裡消失了，後面會有更多的好男人在排隊，等著裝飾我們的生活。失戀雖然痛苦，但是不至於讓我們悲觀和絕望，因為失戀就好像是我們的人生必修課一樣，只有經歷過一次刻骨銘心的疼痛，才能懂得珍惜，才能讓我們在以後的愛情中變得成熟起來。

在愛情的路上，女孩最害怕面對的事情就是失戀，特別是經歷過一段深刻的感情之後，失戀如同撕碎了自己的心一般疼痛。可是，聰明的女孩，如果你一直沉浸在對以往愛情的美好回憶裡，並且一直為了失去而感到難過，那麼你的內心將會永遠充滿了悲傷；相反的，如果我們換個角度去想，失去的是戀情，得到的是成長，也許我們的感受就會變得不一樣了。失去了戀情，同時也獲得了成長，以後的路上，我們會走得更好。

別太快投入下一段感情

女人很容易被寂寞打敗，在感情的空窗期裡，若有男人殷勤地追求，往往就輕易地答應了，這是很危險的。這時候的女人，對於甜言蜜語的抵抗力往往很低，受傷了，難免希望有另外一個人為自己撫平傷口，也或許有那麼一點私心，想借另一個男人在前男友面前炫耀一下。無論是哪一種，都不是戀愛應有的態度，動機不純容易迷惑自己的雙眼，和不該愛的人戀愛，於人於己，都是一種過錯。

有些女孩或是因為情感上處於空窗期，或是沒有更好的人選，對追求自己而自己又沒有好感的男孩來者不拒。她們一方面曖昧地享受著別人付出的感情和物質好處，一方面又不給人明確的答覆，讓人誤以為她默認了彼此的關係。殊不知，這樣做的結果是害人又害己。既然不喜歡對方，就應該表明態度，不要害怕拒絕會傷害對方，長痛不如短痛，儘早說明比鬧到最後不可收拾對彼此的傷害要小得多。

也有一些女孩，明明不喜歡對方，可實在沒有更好的選擇，於是將就著去戀愛，再將就著去結婚，表面上看來好像沒有辜負對方，實際上同樣是一種變相的害人害己。不愛他還要將就地嫁給他，是一種自私而不負責的行為，別眼睜睜地看著他用自己的感情束縛了自己。不愛他，就不要惹他；不喜歡他，就不要接受他，給不了他愛情，也不要給他痛苦，否則，最終痛苦的是你自己。

為了療傷、為了寂寞而戀愛的女人，可能因為害怕再次受傷而像刺蝟般全副武裝，或者因為害怕失去而非常黏人，甚至因為急於求成而表現得過於熱切。總之，當我們抱著療傷的心態走進戀愛時，對方也一定會感受到我們心中的焦慮，甜蜜的愛情摻了雜質、變了味，走著走著便無以為繼了。

贏得一個男人的愛並不是女人的全部，何必再沉溺於情傷，趁著這段清靜的時光，可以做一些更有意義的事情，為自己明天的幸福加一點力。

不要哭求，更不要傻等他回頭

聰明的女人不會拿感動當做開啟愛情的鑰匙，愛從來都不是等價的交換，就算是真心愛一個人，也沒必要低聲下氣，那種死纏爛打的愛情，只會讓男人逃得更遠。

對於已經離開你的男人，不必哭求，更不要傻等他回頭，坦然接受你們不可能復合，這一點對你往後的幸福至為重要。只要你能放棄對過去的執著，那些甜蜜和深情，並不是再也沒有了，一去不返的只是「那個人」而已。

男人面對流淚的女人難免會心軟，會猶豫，然而這時如果他留下來，到底是因為愛還是因為同情，就不得而知了。如果他態度溫和，你又想恢復舊情，抱著希望而其實一無所得，對你反倒比較好，抱著希望並得到了一點點的愛，反而不好，那將使你更賣力地爭取他回來，這一次徒勞無功又冀望下一次，而付出的代價將會很大。希望舊情人再回頭，或者甚至幻想重逢的場面，想著如何使它實現，會使你再次回到往日的情況，就像是他真的回到你身邊，使你相信一切都很好，然後一次又一次離開你。

總是陷在「他會回來」的迷夢中，你就越走不出來，無法開展新的生活，反而會錯失更多的幸福。當他另結新歡的時候，你還在癡心妄想重過往昔甜蜜的生活，這個你遲遲不願放棄的念頭、這個活在你心頭的魅影，總有一天會讓你崩潰。所以，你應該儘量避免與他有任何接觸，最好把家裡所有與他有關的東西都換新，或者暫時藏起來讓自己看不見。

失戀之後，最怕就是睹物思人，曾經一起生活的點點滴滴會加劇你的思念，看他一眼，或者說幾句話，只會使你更想回復從前的甜蜜時光。此時，你就會像玩吃角子老虎的賭徒，一直輸錢卻不肯走開，只因為偶爾也有幾個硬幣從出口滑出來。

為了讓他後悔、讓他回心轉意，有的女孩子會刻意減肥、化妝，把自己打扮得十分漂亮，這些事本身並沒有錯，它們的確讓你變得更美更好，但是，別為了影響別人而做。與其花費許多時間，想方設法來讓戀人後悔，不如把時間花在尋找下一段幸福。

放棄希望反而會覺得好過些，這是走過情傷的必經之路。為了使失去的愛人複返身邊而做的一切努力，在旁人眼中看來實在十分不堪，只是自己看不清楚罷了。如果你還是抱著希望，你會發覺自己不斷做著一些尷尬的事，而且每一次的失望都將使你的沮喪更深更重，他的心中也許對你有點抱歉，甚至有點罪惡感，但是他絕對會被你那些強顏歡笑的電話鬧得厭煩不已。

徹底拋掉他會再回來的幻想，把希望寄託在別的有意義的事情之上，拋掉了沮喪的你，會顯得更加迷人。要知道，沒有人喜歡和一個總是鬱悶不已、情緒低落的人相處，一旦你重新開始新的生活，人們自然會被你的風采吸引。

當你夠好時，愛情自會來敲門

失戀的女孩子往往都有這樣的煩惱，在大街上走著，總能遇見成雙成對的情侶，而自己孤孤單單一個人，不禁心裡一酸。於是，很想找個人來疼愛自己，發誓馬上就要告別單身生活。

其實，一個人有一個人的好處。對男人來說，戀愛只是生活的一小部分，而對女孩來說，卻很容易成了生活的全部，一旦沉溺其中很容易不可自拔，嚴重影響工作和生活。和那些戀愛的女孩相比，你多了一份難得的自由，也不用因為男女朋友之事而煩惱，上街可以隨便看帥哥，可以節省大筆電話費買你喜歡的東西，可以多出時間，不用老是和男朋友在一起，可以專心工作盡情享樂，更重要的是，你可以趁這段時間好好提升自己！

你不需要四處向朋友述說你的失戀之苦，你的痛苦跟別人說也解決不了，到頭來還是得自己處理，真是浪費口水。不如多花些時間在工作上，週末加班再也不會有所顧忌；也可以多看幾本書，增加自己的知識，報名培訓課程，提升自己的專業技能；或者參加一些有益身心的活動。總之，好好利用這段時間多學、多看，好好工作，你的生活就會充實起來，自己慢慢就會變優秀了。

或許你還年輕，但你必須知道，社會是越來越現實了，誰也不能永遠讓誰好命，好命只能靠自己。也許你現在的家庭經濟條件不錯，但那是你父母辛勤創造的，你總有一天要獨立，而現在你就要為未來的獨立生活打好基礎。

不要說什麼「要不嫁人算了」的話，你自己不夠好，憑什麼能嫁到好男人？所以你只需要讓自己好起來，其他問題都不用思考，不斷提升自己就行。不要受人影響，周圍的人再卿卿我我也別被感染，不要拿自己跟他們比。如果你什麼都好，還有誰來挑你毛病？到時求婚的人怕是會大排長龍吧！

事實就是這樣，當你夠好時，所有事情都會在同一時刻發生，無論是金錢還是男朋友，一切的一切都會隨之到來。所以，做最好的自己，愛情自會來敲門！

10. 做自己的「愛情醫生」

戀舊的女人常常會錯失幸福

女人的記性似乎天生比男人好，總有太多的回憶，某天會突然想起曾經陪她走過青春歲月的他，這讓女人想起當初的歲月是如此美好，所以女人很容易就會打電話給他，但是男人是比較健忘的，過去就過去了，不論曾經怎樣為你傷心，他都已經忘掉了。

女人往往記得男人傷心的時候對她說過的話：「如果願意，隨時可以撥我的電話號碼。」於是女人當真。熟女小惠回憶說：「當時分手是我提出來的，他非常傷心。最後一次見面，他流淚了，看著他那樣子，我很心疼，他說我是他心口永遠的痛。他說他知道我的決心，所以不再攔我，不過他說只要我願意，可以隨時撥他的電話號碼，此後的每個春節，我都會打電話給他，我一直在內疚曾經傷害過一顆如此愛我的心。」女人都會愧疚自己曾經傷害的那個人，但是當他們找到新情人的時候，你在他心中的地位早已經變了，所以當你愧疚地打電話給他時，他說不定還在心裡說你煩，不明白自己的處境。

曾經無奈的分手，會讓女人心裡一直痛。等到環境改變的時候，女人會幻想可不可以重來，而實際上人生是殘酷的，一切都會隨著時間的改變而改變，不要老是懷念已經過去的事情。

有的女人心裡覺得自己依然愛著他，所以會打電話給他，但是女人應該明白一切都不可挽回了，他給你造成的傷害足以讓你不再信任他，所以你們不可能再在一起，人生是很殘酷的！

戀愛時，女人往往認為愛情會永恆，曾經那麼愛自己的他不會改變，而這只是自我幻想而已，當你打電話給他的時候，卻發現一切都變了，什麼都不一樣了。

不論如何，舊情人總歸是過去的事情了，所以女人還是要以不一樣的心態去面對，如果與舊情人見面，則更需要注意一些事情：

1. 等到雙方的關係不再含糊不清的時候再見面。

2. 見面之前或打算見他之前先問一下自己，見面是為了什麼，想達到什麼目的？

3.既然決定見面就不要再去回憶曾經的傷害。

4.不要跟他有親密的動作。

5.不要過問他現在的感情生活。

6.最好不要穿著太性感。

7.約他的時候儘量打他的手機，不要打家裡電話，避免造成不必要的誤會。

總之，女人不要對舊情人抱有幻想，過去的事情就讓它過去吧！

拒絕是為了更完美的未來

對於一段沒有結果的愛情，女人需要一點「狠心」，面對不能給你未來的那個男人，如果一味心軟，只會一步一步地毀掉今後的幸福。

如果一個男人真正愛一個女人，那麼他想得最多的事情不是如何佔有你的身體，而是要小心翼翼地保護自己所愛的女人，讓她一輩子都不受到一點傷害。愛你的男人，在做任何事情的時候，首先滿足的不是自己的私心和欲望，而是考慮這樣做會不會給你帶來什麼嚴重的後果，而一個不愛你的男人，絕不會為你考慮這麼多，他想得最多的事情就是如何讓你以最快的速度和他上床，當他對你毫無興趣的時候，就會找各種理由離開。在他的心目中，女人就是一件可以隨時更換的衣服，當他穿膩了，就會把你扔得遠遠的，然後去尋找新目標。在我們周圍，有很多男人，他們不想和你有任何結果，只是因為寂寞了，在萬般哄騙得到你的人之後，便開始變得不耐煩，尋找各種理由擺脫你。

在很多時候，輕信男人讓女人嘗盡愛情的惡果，甚至把女人推進死亡的深淵。如今，有很多女孩因為種種原因為自己的男友獻身，然後戀愛失敗，獨自承受失戀的痛苦。女孩一定不要以為你是他的女朋友，就有義務滿足他的欲望，不要認為他口口聲聲地叫你老婆，就真的把你當成自己的妻子，可能他唯一的目的就是用你來滿足他的欲望。不要因為男人向你說「反正我要娶你，早晚都是一樣的」，這是男人欺騙女人慣用的謊言。

「如果你不能夠接受我，就是不愛我，那我們就分手吧。」如果一個男人對你說出這樣的話，證明他並不是真正愛你。一個真正愛你的人，絕對不會因為你不能夠滿足他而輕易地離開，他會因為你是一個矜持的女孩而更加愛你，他會認為你是他值得用一生來愛的好女孩。如果一個男人輕易地得到這個女孩，也許在短暫的時間內他會感激你對他欲望的滿足，而且對你相當的溫柔體貼，這時你千萬不要慶幸自己遇到了真命天子，如果有一天他對你厭倦了，就會以各種理由向你提出分手，或者乾脆來個不告而別，到那時候，你叫天天不應，叫地地不靈，這是一種讓人心寒的結局。

如果一個男人不能夠為你穿上嫁衣，那麼請拒絕他解你衣扣的手，愛得絕情才不會愛得絕望，為了自己今後的幸福，就算你深深愛著他，也要狠下心來忍痛割愛。

不要把愛情當做寂寞的替代品

剛揮別戀情的女孩，特別是被拋棄的女孩，很容易失去生活的重心，甚至找不到自己。這時，如果有個男人靠過來求愛獻殷勤，她便很容易投懷送抱了，一來找回了自信，證明自己沒那麼差，二來可以填滿那些該死的無聊時間。其實這種感情就像落水後碰上的救生圈，為了活命而抓得很緊，等回到岸上就會把救生圈丟一邊了，結果不但傷害了救你的人，自己也沒得到一段圓滿的愛情，真可謂損人不利己！

溺水的時候，有人拋救生圈給你，你一定高興極了，不管救生圈是新是舊、是美是醜，能救命就好，一股腦地撲上去，狠狠抓住。生活裡難免也有被頹喪失望淹沒，快活不下去的時候，有些年輕女孩習慣把愛情當做救生圈，以為抓到了愛情，就可以把自己拉出泥沼。然而，抓住愛情並不一定會讓生命變好，有時反而會越陷越深。

寂寞難耐的時候去酒吧可能很容易找到心靈相契的人，一群人瘋狂起來能把寂寞趕跑。但酒吧裡認識的男人，就不要留電話號碼了，並不是去酒吧的人都不好，只是那裡的人都太寂寞，都只是在發洩生活的壓力。就算看似真的遇到真命天子了也不要太當真，地方不對，碰到的很可能是披著羊皮的狼，要知道寂寞的人都善於偽裝。

寂寞的時候，不要總想著找個男人來陪你，該找的是朋友、家人甚至信仰，把自己內在的空虛填充起來，一個人也能過得開心自在。如果愛情來了，坦然接受，愛情沒來，就照樣一個人逛街、看電影，千萬別隨手抓個救生圈，也別傻傻地去當別人的救生圈。只有找個同樣在陸地上尋找愛情的，感情才可能健康、長久。

就算再怎麼孤單寂寞，也千萬不要把戀愛和婚姻當做擺脫寂寞的手段。沒必要因為寂寞就降低標準，隨手抓一個男人，愛情不是兩個人彼此打發無聊時間，寂寞的時候你只需要有人陪你聊天，陪你歡笑，陪你過孤單的日子，而不是去愛人。因為寂寞而愛錯人，可能會寂寞一輩子，所以，為了以後的幸福生活，從今天開始就使出渾身解數，把寂寞趕出你的生活吧！

當然，你不能坐等寂寞把你吞掉，該採取行動。有沒有試過跟自己談心？孤獨的時候，把自己關在屋子裡，用中等的音量和自己講話，把自己的困惑、渴望和鬱悶都告訴自己，當然也可以假定一個傾訴的對象，比如你的夢中情人，直呼他的名字傾訴，直到淚流滿面為止，哭過之後洗洗臉，重新生活，效果也不錯！

跨越時空怎麼愛你？

有人說，距離會產生美感，遠距離戀愛會加重雙方思念的情意！也有人說，遠距離戀愛是愛情的毒藥，沒有人能真正熬過來！作為女人，當你面對遠距離戀愛時，究竟需要多大的勇氣愛他到底呢？

戀愛的兩個人，天各一方，相隔千里，時空阻隔了戀人的音容笑貌，很長時間兩人都不能相見，其痛苦程度可想而知。古今中外，遠距離戀愛，不知給多少女人帶來了痛苦和煎熬，很多女人在遠距離戀愛的長跑中最終敗下陣來。

在我們身邊，也有很多因為現實的種種阻隔分離兩地的情侶，最後無奈地選擇了分手，這給戀愛雙方帶來的情感和心靈的傷害無疑是很大的。加之現代網路發達，使許多人透過聊天室來交朋友，並期待能在網路中找到浪漫而完美的愛情。但因為網友地域的廣泛性，使遠距離戀愛的可能性大大增加，而空間的阻隔給愛情帶來的壓力，同樣使許多情侶面臨著嚴峻的考驗。

如果你想堅守一段遠距離戀愛，必須具備比常人更強的承受能力，還要對愛情有勇氣及信心，遠距離戀愛要比普通戀情來得更艱辛，如果抱此生非對方莫屬的信念就一定要堅持到底，「兩情若是長久，又豈在朝朝暮暮」的說辭雖然很老套，但絕對有用，一定要時常拿出來作為對彼此的鼓勵。

遠距離戀愛能否守得雲開見月明，勝利盼到團聚的那一天，關鍵在於以下幾點你是否能做到：

1.信任：相信對方的真心及言行，就像相信你自己不會背離對方一樣。

2.將時間安排滿：思念雖美麗但也無比憂傷，漫長的寂寞需要自己一個人去仔細品嘗，空餘時間多看書，少逛街，免得外出時瞧見別人手牽手，觸景傷情。

3.時時聯絡：電話卡準備好，這是必需的「親密接觸」卡，時時來點新花樣，除了E-mail，還有書信及偶爾快遞寄出有趣的小玩意。

4.創造一起工作的條件：與相愛的人廝守在一起，才會更接近幸福。

5.保護好自己的身體：身體是本錢，在生病時特別容易掛念對方而心生傷感，所以要注意身體保健。

6.堅定意志：目前的生活狀況已經決定不能雙宿雙飛，不要羨慕別人卿卿我我的親密狀，如不小心要與這些如膠似漆的戀人一起出遊，別的不想，想想他們吵架的時候；還有，不要理會旁邊人的遊說，如果有人告訴你誰喜歡上你，你要提高警覺，千萬別受誘惑。

為了你愛的他，這些一定要做到，為了你們美好的未來，加油！

對方的愛不是理所當然

在很多人眼裡，愛是崇高、無私的，不能帶有絲毫雜質。他們總覺得愛是需要絕對的奉獻和犧牲，是一種徹底的情感交流，是雙方彼此交融在一起，成為不分彼此的共同體。其實，這是相當錯誤的觀念，愛不是一個共同體，而是兩個獨立的個體，它是對等的，是需要雙方共同經營與付出的，不能視對方的愛為理所當然。如果把對方的付出視為理所當然，就會掉進愛情的墳墓，對方便會棄你而去，你們的愛情也就走到了盡頭。

女人是感情至上的動物，她認為你對她好，她就會付出所有可給予的，但當她覺得這份愛沒有回報，甚至感覺不到對方的共鳴時，她也會義無反顧地離去，因為女人看中的是結果，而不是過程。

戀愛中最要不得的就是毫不在意地接受愛，認為另一半的付出是理所當然的，這樣的想法太自我。戀人有時候會很盲目，分不清方向和對錯，如果一個以自我為中心的人走進愛情，他很可能依然我行我素，容易變得自我。一個以自我為中心的人，不會愛別人，不會為別人著想，更不會激勵對方成長，這樣的人在當今社會不在少數。他們在情感上會很苛刻，愛與幸福似乎與他們無緣，因為他們要求整個地球圍著他們轉，但地球有自己轉動的方向。他們不會在愛中發現自我，因為他們不會對等的看待對方，而是將其當做控制的俘虜；他們不會在愛中成長，因為他們不會從對方身上吸收營養，而是對對方予取予求。

把另一方的付出視為理所當然時，你就會把對方視作私物，會壓制對方享受自己生活的權利。而實際上，要維持愛情，雙方必須是平等的，一方都不可能成為另一方的附屬物或犧牲品。既然雙方是平等的，我們就要學會尊重，尊重對方的存在和對方的一切獨立因素。經營愛情的要素有很多，為對方承擔責任、感情公開、忠誠、有高度自尊、對人生持積極的態度等，其中，尊重是真正愛情賴以建立的基礎，認為另一半的付出是理所當然，最根本的原因就是雙方彼此不尊重。

尊重就要相敬如賓，正如美國作家納旦尼爾布拉登在《浪漫愛情的心理奧秘》裡的描述：受到愛侶的尊重，我們就會感受到一種理解和被愛，感受到彼此心心相印，從而不斷地增強我們對愛侶的愛慕之心。也許尊重讓我們心靈坦然、釋懷、心胸寬廣，也是尊重讓彼此的心靠得更近，使我們能更加從容地面對一切挑戰，生活也就更明瞭而燦爛。

聰明女人從不這樣說

戀人間難免會有爭執，在一觸即發之際，是火上澆油，還是春風化雨，往往取決於女人的言語。有時候，恰到好處的一句話，不僅能平息爭端、掌握主動，還能讓戀人在磨合的過程中更親密、融洽和快樂，但指責的話卻要少說為好，或許你的本意是好的，可說出來卻全變了味，這時一場爭執往往在所難免，錯誤資訊的傳遞眼看就要引發一場大戰。

女人是感性的動物，脾氣上來時常常口不擇言，可畢竟話說出口就像是潑出去的水，想要收是收不回來的，甚至指責的話給對方的傷害是永遠的，也許就正因為這麼一句話，讓你的另一半離你遠去，所以聰明女人一定記住以下的話不能說。

1.我要跟你離婚！

對夫妻來說，「離婚」是非常敏感、沉重的詞，不到感情破裂時，千萬不可脫口而出。輕率地提及這些詞是很危險的，一來容易撕裂夫妻間的感情，使對方產生不必要的猜測，變得心灰意冷；二來容易加深家庭問題，長此以往，就會真的出現離婚的惡果。

2.你真是個沒用的東西！

妻子指責丈夫「沒用」，她的本意是刺激他學點專業以外的本領，可事與願違，她越是經常這麼說，丈夫越是「窩囊」，因為正是她使他怯於學習，他覺得無論自己多麼努力，也達不到妻子的要求。會這麼說話的妻子可能有所不知，這些話會摧毀丈夫的自信心，傷害夫妻的感情。正確的做法是，給伴侶積極的鼓勵，這樣有利於他提高能力。

3. 我真是瞎了眼才會嫁給你！

說這些話時，深深的指責情緒是顯而易見的，這怎麼能不傷害另一半的自尊心呢？其實，妻子應在丈夫遭受人生風雨的緊要關頭，將愛的纜繩牢牢地繫在對方的船上，用溫柔的情感將其拉出險灘。任何責難的話不僅不能解決問題，反而會使問題變得複雜，使感情之舟擱淺。

4. 你看看人家某某，比你強多了。

這實際上是一種攀比心理在作怪。尤其是做妻子的，更是經常使用這種方法埋怨丈夫。比如說：「你看隔壁的劉先生，年紀輕輕就當上了總經理，看看你呢？」一對丈夫採用這種批評，無論是直率還是委婉，都含有「你不如某某」之意，因此常常使脾氣好的丈夫也尷尬至極，更何況是脾氣壞的丈夫。應該理解的是，每個人都有自己的長處和短處，妻子應該懂得利用時機鼓勵丈夫，而不是諷刺挖苦他，諷刺挖苦的結果只會適得其反。

5. 我做什麼，你管不著！

夫妻間最可貴的東西是信任，最有害的東西是猜疑。這類的話往往容易使對方產生誤解，以為你有什麼事對他隱瞞，猜疑不覺而生，漸漸地就對你不信任，於是家庭風波就在不知不覺中醞釀起來。

除了以上這些會直接傷害丈夫的話不該說，一些較婉轉但也會傷害男人的話，聰明的女人也絕不會說。

1. 我就知道你會那樣說！

有很多話本身並非責難，除非你用的是含沙射影的語氣。當你這樣說時，無異是用另一種方式罵你的丈夫是個「笨蛋」，較為明智的表達應為：「你以前就曾這樣說過，所以它一定還在困擾著你。」這樣說，既考慮到對方的感受，又表示你希望能為解決問題做些什麼。對生活中每一點細微之處都試著去體會和溝通，你們的婚姻才會更加牢固。

2. 你簡直快把我逼瘋了！

記住，一次只指出一個問題，如「當我想跟你說話而你只顧著看電視時，真的叫我很難受」，當問題出現時越早說出自己當時的感受越好。「你簡直快把我逼瘋了」這句話意味著你的情緒在經過長時間的壓抑之後，已經升到了一個過高的水位。

3.這事你一直就沒做對過。

責備另一半的行為不當時，你往往會指出做這件事正確和錯誤的方法，即使你的辦法很不錯，但事實上也不一定是最好的辦法。不要吝嗇對他的感激和肯定，幸福往往建立在彼此欣賞的基礎上，要常常互相讚美，哪怕只是舉手之勞的小事，也不要忘了說聲謝謝。

4.為什麼你總是不聽我說？

說伴侶總是不聽你的，不僅滿是責備，而且還誇大了怨氣。畢竟，即使是最粗心的人對你所說的話也會在意幾次。因此，如果你希望丈夫不僅聽你說，而且更多地和你溝通，就要做到始終心平氣和。

5.有什麼讓你覺得不對的？

回避問題只會讓事情更糟，你的痛苦會將你們的關係拋向更為混亂的境地，並逐漸深化。所以，當雙方出現歧見時，首先，應承認你有不對的地方，即使你並不準備立即談論此事，但這樣做有助於消除緊張的氣氛，之後，再找時間兩人坐下來慎重地討論問題。

6.你怎麼能那樣做？

有不少夫妻在相互指責時都扮演了受害者的角色，它間接地表達著你心中的怒氣，但你需要瞭解你的伴侶這樣做的目的，所以此時最好以委婉溫和的方式說出你的疑惑，這樣兩個人才能以平和的態度表達各自的觀點，從而打破僵局。而採用這種方式，也意味著你應該做好真正聽他說出事實的準備。

為你的愛情貼上保鮮膜

很多女人認為愛情到了一定程度就會失去當初的激情和新鮮度，男友不會再經常送你玫瑰，你向他撒嬌時他居然無動於衷，每天一睜眼看見的都是同一張臉，禮物也不會帶給你過多的驚喜了。就這樣，生活變得無趣，和他在一起變得乏味，實際上，這個時候就是愛情失去了新鮮感。其實，愛情和水果一樣需要保鮮，如果不進行保鮮的話，就會如同失去水分的蘋果一樣乾癟了。

花點時間做做下面的一份愛情小測驗，你會知道自己的愛情是否依然新鮮。

每一題答案的選項都是一樣的：A.很正確；B.不太清楚，還好；C.沒有這回事。

選擇A的得2分，選擇B的得1分，選擇C的得0分。

1.感覺他沒有剛認識那陣子有吸引力。

2.他試圖給你一次意外的驚喜，你卻認為一點都不浪漫。

3.你對他的現狀越來越不滿意。

4.收到匿名情書你很激動，迫切想知道他是誰。

5.與他約會歸來，常常感覺疲憊。

6.他半夜打電話來告訴你剛才夢到你了，你卻認為他打擾了你的休息。

7.一起看電視，你們常常為選頻道發生爭執。

8.同事最近談了一個各方面都還不錯的男士，你羨慕不已。

9.你們因為工作而相隔兩地，而你只習慣等他的電話，很少主動跟他聯繫。

10.出席他朋友的聚會，你很少認真地化妝。

11.和他親密接觸時，你常常幻想他是另外一個人。

12.一年來，你們沒有過任何慶祝活動。

13.他因為工作忙碌而忘記了以前跟你的約定，你十分憤怒。

14.你們在一起的時候，從來不談將來，認為那很不實際。

15.你越來越感覺自己的自由空間在變小變窄。

累計所有得分：

25～30分：你的愛情狀況已經很不妙了，趕快找個時間好好談談，或者自我反省，問題到底出在哪裡？到了這種時候，該斷的還是要斷。

19～24分：你的愛情將過保鮮期，這時候，你有兩種選擇：繼續或者結束愛情。選擇前你得明白一個道理：愛情是享受，婚姻是忍受。

12～18分：你的愛情狀況還算理想，但是，這個狀態中的你，得做好愛情保鮮的準備功課。

0～12分：恭喜你，你可以好好展示一下愛情常青的成果，把這個心得整理成文，每天朗誦兩遍，保證你的愛情會長長久久。

而要為愛情保鮮，就需要從生活中的一些小事進行努力。

1.體貼對方：夫妻間要從小事情上來體貼對方，比如：妻子偶爾回家晚了，先生可以親自動手做上一桌香噴噴的飯菜等待妻子回來。相信她看到你做的這一切，會將感動埋在心裡，在平日裡更加關心你。

2.加強彼此之間的溝通：許多婚姻出現問題就是因為夫妻雙方的溝通很少，容易造成許多誤解，所以要及時地溝通，來化解彼此之間的誤解。不要將誤會一個接一個地積累起來，這樣會造成積怨，到後來想將問題解開都難。

3.**欣賞對方的優點，包容對方的缺點**：兩個人是因為彼此欣賞才在一起，不要因為對對方的某一點不滿意而不斷嘗試著去改變對方，改變不了就產生抱怨，這樣往往會使雙方陷入情緒的泥淖。你愛他，就要愛他的一切，而不僅僅是他的優點，也要理解他、包容他的缺點。

4.**讓生活多一點不尋常**：可以在生活中給對方製造一些驚喜，在不同的日子裡，試著去改變一些尋常的東西。生活中的各種驚喜還需要你動腦筋去想，不要因為結婚了就讓自己的腦筋變懶，你的小小舉動，可能會帶來很好的效果。

5.**學會互相尊重**：夫妻之間只有以互相尊重為前提，才可能生活得幸福美滿。認真地聽對方的話，理解對方。人是很好面子的，一句話在不同的場合、不同的時間說出來的效果是不一樣的，尊重對方，從對方的角度多想想，就能贏得對方的尊重，這是愛情長久的關鍵。

6.**留給對方想念自己的時間**：伴侶之間往往會因為整天在一起，而缺少了思念。短暫的離別可以加深感情。有空可以去看望一下遠方的朋友，回來之時，就會發現他對你特別好！

千萬別把自己的愛情埋沒在「七年之癢」這個關卡上，動動腦子、用用真心，在細節上多一點創意，你的愛情就會永遠新鮮！

11. 為你的人生「漂亮」加分

外貌也是競爭力

韓國暢銷書作家南仁淑在《二十幾歲，決定女人的一生》中這樣寫道：「作為女人，讓自己光鮮亮麗，是至高無上的德行。生活在『外貌也是競爭力』的時代，如果不關心自己的外在形象，無異於不關心自己將來的幸福。栽培外貌並不只是為了給別人看，而是可以從中學會對自己用心。對自己用心的女人，瞭解自己的強項，彌補自己的弱項，從而更加自信。雖然對外貌執著的女人常被人指責沒有內涵，但事實就是如此，用外貌來表達自信的女人，活得更快樂、更健康。」

我們常看到電視上的明星光彩照人，但其中不少人卸了妝就和普通人一樣，有的甚至連一般人都趕不上，但她們為何能這般「豔冠群芳」呢？答案是：沒有醜女人，只有懶女人。

沒有天生麗質不是女人的悲哀，懶惰才是女人最大的不幸！女人要追求美，就要付出代價，不是要你一擲千金地去整容購物，而是要在平時的各個細節上重視自己的形象。即使你時間再忙，每天幾分鐘的打理，每次買衣服時的考量也占用不了多少時間。

女人要想在社會上立足，「面子」是頭等大事。一個儀容不整、形象邋遢的女人，得不到任何人的重視和信任，為了讓自己的人生更加精彩，請開始投資你的「形象工程」吧。

門面和內涵一樣重要

服裝可說是關乎女人漂亮美醜的重要因素，一件衣服穿在一個合適的女人身上，將帶來妙不可言的效果。

然而，放眼周圍，好多女人往往都不懂得穿著。她們大多只知道趕時髦、趕潮流，街上流行什麼樣式就穿什麼樣式，盲目追求名牌，認為名牌勝過一切。她們歡天喜地比量著名牌服飾，效仿明星的裝扮，卻絲毫不考慮自己的膚色、身材等自身條件，結果往往東施效顰、弄巧成拙。

其實買衣服不在貴，不在多，在於是否適合。適合你的衣服，即使是貴點，或者便宜點，穿在身上都是美的，就算你一個季節只有兩三套衣服輪著穿，但件件都能襯出你的美，勝過一天一件像時裝表演但不合體的穿著。

在我們的周圍，有許多並非天生麗質的女人，她們的五官很平常，身材也不是最標準的，但她們總是能輕易地引來人們的注目。這到底是為什麼？原因其實很簡單，因為她們穿出了自己的品味和個性，選擇適合自己的服飾。

俗話說，「佛要金裝，人要衣裝」、「三分姿色七分打扮」，我們並不強調每個人都有自己的一套美學，但應該有自己的審美傾向。要做到這一點，女人就不能被千變萬化的潮流所左右，而應該在自己所欣賞的審美基調中，加入時下流行的時尚元素，融合成個人品味。融入了個人氣質、涵養、風格的穿著會體現出個性，而個性正是最高境界的穿衣之道。

衣服這樣穿，不是美女也動人

如果你長得不夠令人驚艷，那麼想要打贏翻身這場仗，光有勇氣是不夠的，還要懂得玩一些小技巧，讓自己看起來更光鮮亮麗。

1.揚長（營造修長感）：對於體型嬌小的女人來說，服裝風格要儘量簡潔流暢，才能讓身材顯得修長。宜選用素淨的衣料，上衣儘量選擇V字領、方領等顯露脖頸的領型，避免高領或太累贅的領型；此外，宜穿長T恤式的衫裙，衫裙狹長不卡腰，裙擺上不要有印花圖案，可使身材顯瘦長。顏色偏深的絲襪與文雅的高跟鞋會使雙腿顯得修長動人；大褲筒的喇叭褲、衣肩過寬的上裝、長裙或低腰類的裙、褲和笨重的鞋子，都會破壞小個子女人的修長感。而對於個子嬌小又偏胖的女人，儘量選擇單一色的服裝、柔軟貼身的面料，才能營造自身的修長感。

2.避短（掩蓋自己的美麗缺陷）：在日本、韓國，整容是尋常的事情，然而，要掩蓋自己的美麗缺陷，並非只有整容一個辦法。小女人要學會在衣著打扮下工夫，就能掩蓋自己的美麗缺陷。小女人要學會用柔和沉著、飽和度低的色彩和簡約的式樣來轉移人們的注意力，讓他們忽視你的短處；還要學會利用視覺的錯覺來彌補短處，比如若兩腿嫌短，則需把上裝改短、腰線提高，穿上高跟鞋，並讓褲腿遮沒踝部；如果小腿太粗，在穿裙時就應選擇掩住小腿最粗處的長裙。當你能將揚長之術運用自如，那麼你已經在成功避短了。

或許你長得不夠好，但只要學會用服飾裝扮你的身體，你自然就能美麗動人，哪裡還愁吸引不來人們的目光？

選對髮型，才能拯救你的美麗

百變的髮型帶給你百變的美麗，但是，梳不配合臉型的頭髮，即使髮型美，也不相稱。因此，臉型與髮型的配合是很重要的。一個用心的女性，會根據自己的臉型選擇出最適合自己的髮型，而不會對流行髮式盲目追從。

1. **圓形臉**：由於圓臉型通常會顯得小孩子氣，所以髮型不妨設計得成熟一點，頭髮要分成兩邊而且要有一些波浪，臉看起來才不會太圓；也可將頭髮側分，較短的一邊可向內略遮一頰，較長的一邊可自額頂做外翹的波浪，這樣可以加強臉的長度感。此外，應注意不要留瀏海，否則會使臉看起來更圓。

2. **長形臉**：長形臉的人適合留較長的髮式，以瀏海遮住前額，前頂部頭髮不宜高梳，應向兩旁分散，以增加頭部的寬度，縮短其長度，充分表現出豐滿的面部輪廓。也可採用七比三或更偏分的髮線，這樣可使臉看起來較寬。

3. **方形臉**：方形臉的人適合留中分的短髮，瀏海略短不宜多，頂部要高而蓬鬆，兩側適合貼服向後梳，或者兩側及後面可做波紋，左右兩頰垂髮應成波狀。要儘量體現出豐盈的髮波，使之把方形臉的四個稜角遮住。

4.橢圓形臉：宜採用中分，左右均衡圓形臉，可將臉部兩邊的頭髮梳蓬，能使臉看起來寬一點。

5.三角形臉（上窄下寬）：最好將頭髮向上向後梳成寬型，而在頸後留一點頭髮，使下巴看起來不會太寬，也可按七比三的比例來偏分，使額部看起來寬闊。髮型以波浪或卷髮增加上方的力量為宜。

6.倒三角形臉（上寬下窄）：由於臉頰至下巴的線條是傾斜的，因而必須注意頭髮的長度，假如頭髮的長度僅蓄留至耳朵的旁邊，則更強調了臉頰的傾斜感，頭髮應以四比六偏分法來使額部顯得小一點。髮型要大卷而膨鬆，並遮掩部分前額，輪廓要豐滿，前額要自然大方。

髮型不僅對一個人的整體美有著襯托和改變作用，還是傳遞活力、生命力的標誌和導體。枯澀的、沒有生命力的髮型總是給人一種晦暗、陰沉的心理感受，而亮麗又富於質感的髮型，會讓人神采飛揚而富有魅力。

會化妝也是女人的資本

只要有了精緻妝容，其實每個女人都能有女明星般光彩照人的美麗。一位有名的化妝師說：「化妝的最高境界可以用兩個字形容，就是『自然』，最高明的化妝術，是讓人家看起來好像沒有化過妝一樣，並且這化出來的妝與主人的身份匹配，能自然表現那個人的個性與氣質。」要怎麼畫一個好妝呢？以下提供具體步驟：

1. **選用適合自己膚色的隔離霜打底：**有斑點的皮膚可選用綠色隔離霜，黃色或蒼白的皮膚可選用紫色隔離霜。塗過隔離霜，膚色會被改變得更均勻、更自然，看起來有種透明的感覺。

2. **選用透明的粉底打底：**取粉底適量塗在額頭、鼻尖、下巴及兩頰五個點上，然後用粉撲稍加用力地塗抹，一定要塗抹均勻才行。別小看底妝，它就像房子的地基一樣，若打不好，上面的彩妝就會「倒塌」。

3. **選擇適宜的眼影：**眼部的妝是否能與整個臉部的妝容貼切，取決於眼影的選擇。應選用略有閃光感的淺藍色或淺膚色淨透明色彩，然後，用眼影刷蘸取適量的眼影，用尖端在外眼際睫毛根處塗上一層顏色較濃的眼影，再用粗圓部將眼影塗滿雙眼皮內側，最後用手指將整個眼部的眼影擦拭均勻。需要注意的是，上眼影時一次不要塗得太多，可多塗幾次。

4.睫毛膏的功效不容忽視：為了達到透明無妝的效果，可省略眼線步驟，直接塗上黑色睫毛膏。從睫毛根到睫毛梢分三階段進行，先把睫毛卷翹，然後取適量睫毛膏先從睫毛上面由內往外輕刷一次，再從睫毛下面由睫毛根刷向睫毛梢。注意：睫毛梢部位不可太濃太厚，要細長才能達到清新、自然的效果，再用小梳子從睫毛根梳向睫毛梢，防止粘連。

5.打造完美和諧的眉形：完美和諧的眉形可令整體的美感有耳目一新的變化。首先確認眉頭、眉峰及眉毛的位置，用眉筆在上面點上三個小點，難以「駕馭」的眉部化妝就容易多了。從眉頭起筆會顯得不自然，可按眉毛生長的逆方向描眉，在描眉過程中需要注意的是，眉頭要平和自然、眉尾要纖細，長短要適宜，否則會顯得生硬；眉峰的修飾直接影響眉型，是眉部妝的重點部位。若你的眉毛很濃密，你可用修眉剪理出乾淨俐落的眉形，這樣上妝會更容易。

6.打造豐潤嬌豔的雙唇：為了達到自然的化妝效果，可以省略唇線筆的步驟。首先用沾滿口紅的刷子從上唇的唇角刷向唇峰，塗左右兩端唇峰時要小心謹慎。塗下唇時要注意上下唇的寬度，先用唇刷固定下唇中央輪廓線，再從中央塗向唇角，最後用吸油紙吸去多餘的油脂，會使唇部更自然。

7.掃上畫龍點睛的腮紅：可選用橙紅色或膚紅的透明色彩，能馬上令你的俏面變得生動、可愛。

毫無疑問，女人的美是用辛勤的汗水和卓越的智慧換來的，不想動腦筋、不想下工夫，就別想成為美麗的女人。試試以上七個步驟，就會讓你更美麗。

巧借飾品，為漂亮加分

有一個著名的美麗公式：三分姿色＋一分化妝＋二分服裝＋二分首飾＋二分包包＝百分之百美人。可見，首飾雖小，但卻是美麗女人必不可少的點綴。細想，也很值得，它若恰到好處，便可奪取二分，實在比那三分姿色要來得容易。聰明的小女人，何不用飾品點綴自己，讓這些小細節在無意中增添你的美。

1.耳環：如何讓耳環成為你美貌的亮點，首先要考慮你的臉型。如果你是方臉，應選擇橢圓型、長垂型或頭部尖細造型的耳環，會使臉頰至下巴產生流線美；相反，方形或立體感強的耳環，會造成生硬的感覺。而為了避免重複臉形，方形臉的人最好不要佩戴方形或三角形等稜角銳利的耳環；如果你是圓型臉，可選串珠、流蘇、帶墜式等細長尖型耳環或緊貼臉頰的耳環，增加點稜角感，不要選圓形或繁雜零碎造型的耳環，長穗形、水滴形都是適合圓形臉女孩；此外，耳環的大小還要與臉型的大小成正比，在佩戴耳飾的時候還要注意與服裝和髮型搭配，以免突兀。

2. 手鐲：如果你擁有漂亮修長的手臂和細小的手腕，應當把手鐲戴在接近手腕的地方；如果手臂太瘦，應當戴細小的金屬手鐲或手鏈，而不要戴粗大的玉鐲，否則寬大的手鐲會使太瘦的手臂顯得更加瘦骨嶙峋；假如你的手指肥短、指甲不美，手鐲就要戴得稍高一些，使人的注意力離開你的手；手臂和手腕稍粗的女人，應戴寬而厚的手鐲，也就是說，手鐲越粗大，越使手腕和手臂顯得細小。

3. 戒指：手形纖細修長的女人可佩戴任何款式的戒指，尤其是寶石鑲嵌的鑽戒和較大一些的珠寶戒指，會把柔嫩的手指襯托得分外秀麗；手指粗短的女人，若佩戴蛋形戒指，會增加手指的細長感，但要選擇窄邊指環。

4. 項鏈：頸部粗短的人應選擇細而長的項鏈，這樣脖頸會顯得修長些；頸部細長的人應佩戴稍粗一些的貼頸短項鏈、帶狀頸圈或大圓珠寶石項鏈。項鏈的種類繁多，造型豐富，具有很強的裝飾性，佩戴適當的項鍊對整體能有很好的加分效果。

5. 絲巾：絲巾是女人飄動的情緒，總在不經意間輕輕流露，不同顏色的絲巾、不同的繫法，能有不同的效果，把女人的萬種風情展現得淋漓盡致。

在平時的生活中，你是否也善於利用各種飾品來裝點自己，使自己更有氣質、更美麗呢，現在就開始行動吧！

貼身衣物要選好品質

有一種隱私，誰都能看到，但是又常常不讓你直接看到，權且就稱為半公開的隱私。這就是女人的內衣。

女人應該根據自己的身體輪廓揚長避短，選擇適合自己身形的胸罩：擴散型胸部，最好選用前扣型胸罩；平坦嬌小胸部，選用帶襯墊四分之三罩杯胸罩；下垂型胸部，選用有適當硬度的鋼圈胸罩；太豐滿的胸部最好選用無鋼圈、罩杯大而深的全罩杯胸罩。

女人的美麗，不僅是相貌好、氣質佳，身材也要好。想要擁有玲瓏有致的線條，做個漂亮女人，除了注意飲食、運動外，穿上適合自己的內衣也可以揚長補短，塑造美麗，同時減緩身材的變形。如果內衣穿戴錯誤，則會破壞身材。

很多女人在維護外在面子的時候，是不惜本錢的，但凡能夠被人看在眼裡的體面都儘量做到光鮮養眼，然而對於別人看不見的貼身內衣，卻是能省則省。

做女人就是要精緻，精緻的女人是雅在骨頭裡的，蘭心蕙質絕不會顯露在皮相上；外貌不必驚若天人，但是細節裡卻處處流露著溫潤和淑雅。精緻女人的外衣可以很普通，但一定是乾淨合體、剪裁精細；貼身的衣物也一定要講究，一件胸罩或許比一件外套還要貴上許多，貼身穿著彷彿有溫暖的手熨帖著肌膚，完美地勾勒身體的曲線，舉手投足之間，性感便若隱若現。

猶如愛情不是為了引人羨慕，內衣不是穿給別人看的，而是只有自己才知冷暖的體貼，值得女人細細為自己打點。懂得穿好內衣的女人，才是懂得什麼叫生活品質的女人。

優雅是一種恆久的時尚

外在的美隨風易逝，膚淺而耐不起尋味，而優雅的女人用豐富的內心世界和對生活的智慧，讓自己永遠風姿綽約。

生活中，的確有這樣一種女人：她們並無沉魚落雁之容，但是她們一舉手一投足所流露出來的那種優雅氣質，是令人深深感動的。那種經過歲月洗禮、沉澱，絲絲縷縷散發出來的高貴典雅，猶如微風中搖曳的蘭花，又如同幽谷裡靜靜綻放的百合，令人感動之餘，不由得心生敬意。

我們盡可以說優雅無處不在，因為優雅在每個人眼中是不同的美麗。一個優雅女人，除了善良的本性，對時尚的領悟、得體的服飾搭配和淡雅清新的妝容，都是必備的。她懂得如何表現自己，成熟、文雅、嫻靜，各種氣質與品味都可以在舉手投足間得到最好的體現。

她可以沒有驚豔的容貌，但可以有清新淡雅的妝容；可以沒有優越物質條件的薰陶，卻可以與世無爭、不爭名逐利、閒適恬淡。她有一定鑒賞生活的能力，從穿衣、飲食到起居都有獨到的眼光，懂得品味生活，懂得把平淡如水的生活調劑得富於生趣。不管何時何地，懂得以寬容的心去包容，去獲得獨到的快樂。

她更是自立、自強的，只有成就這些，才能成就優雅。不管作為個體還是群體，她的潛力都是不可估量的，她的獨立自主將會產生一種巨大的爆發力。她的優雅，是一種知識的積澱，優雅不是一種形式上的東西，它需要在生活中學習，需要以豐富的人生經歷來成就。

優雅是女人追求的至高境界，誰也無法抗拒歲月的印痕，青春和美貌不會永駐，優雅卻會成為無與倫比的恆久魅力。優雅有著終生學習的特性，它是臺階式的，學一點，修一點，修一點也就提升一點，優雅是夠一個女人學一生，堅持一生的，它也會讓你受益一生。

12. 與愛同行

有共同興趣感情才合拍

夫唱婦隨的基本因素是什麼？共同的朋友圈子、共同的興趣愛好和共同的人生理想，正是這些共同的東西能夠把夫妻雙方親密地結合在一起。據專家們說：與愛人共同分享一件東西，不管是一杯飲料或是一個奇思妙想，都可以使雙方倍感親密，而能分享所愛的人的特殊嗜好，更是獲得甜蜜愛情的一種很重要的舉動。佐德豪斯曾經對幾百對幸福婚姻者做過研究，他發現，夫唱婦隨是這些婚姻成功的關鍵因素。

現在，讓我們來看一個生活中的實際例子吧！亞瑟摩雷和他的妻子卡絲琳是一對著名的夫婦，他們很可能是有史以來教會最多學生跳舞的老師，摩雷夫婦結婚二十八年來，他們一直在一起從事舞蹈培訓工作。

有人問卡絲琳摩雷，「像你們這樣天天在一起工作，如何才能避免陷入單調重複的生活方式呢？難道你們不覺得，要把你們的事業與私人生活分開，是一件十分困難的事情嗎？」

「一點也不難！」摩雷夫人說，「只要我花一點小心思就行了。我總是想辦法把自己裝扮得嫵媚動人。因為雖然我不在乎別人怎麼看我，但我十分在意我丈夫的感覺，由於我們天天在一起，也由於我們工作的原因，我會比其他女人更在乎自我形象的完善。更為重要的是，我們能夠共同分享許多愛好，只要我們一有機會，就會一起去享受這些活動的樂趣！上個禮拜，我們就利用假期到百慕達做了一次簡短的旅行，旅遊是我們共同的興趣，我們在不同的基礎上也能融洽相處，並總是試圖為我們的生活加入一點變化和情趣。」

是的，如果整天只有工作而沒有娛樂，的確會使婚姻生活變得枯燥無味。如果夫妻雙方能學會分享一些對方喜愛的消遣，不僅能豐富生活，還可以促成對方想要跟隨的願望呢！

「在成功的婚姻生活裡，」史坦梅茲在《臨床心理學》雜誌中寫道，「能迎合對方的興趣和愛好，可能比共同的興趣和愛好更加重要。」

如果你愛你的丈夫，肯為他用心打理你們的家庭生活，何不記住這條：愛他，就分享他的嗜好！

讓男人感動的女人

在男人心中，讓他們感動的好女人不一定是漂亮性感的女人，而是在生活中體諒男人、理解男人的女人。在他們眼中，真正的好女人會這樣做：

1.**理解男人缺點，寬容他的過失**：男人對家庭的重視是遠遠大於女人的想像的，他愛自己的妻子兒女，記掛他們，所以，不論男人在外面成功與否，女人都要理解男人，不管在他輝煌時、失意時，都要伸開臂膀迎接他的歸來。

2.**親口告訴男人，他對於她和這個家庭是多麼重要**：男人並不怕對家庭和女人盡義務，如果他能夠明確地知道他的妻子多麼愛他，會激發他義無反顧地為這個家庭犧牲。如果他不能感受這一點，他就會對這些事情視而不見，所以女人應該常常告訴他，他對於這個家有多重要。

3.**理解男人的孤獨**：許多單身的男人喜歡呼朋引伴，並不是因為他們喜歡喝酒，真正的原因是他們害怕孤獨。心理學上這樣解釋：男人是害怕孤獨和寂寞的動物。所以，當女人不在的時候，男人會恐慌、會著急，甚至不知所措，所以女人應該理解男人的孤獨，做他們的心靈守護者。

4.不拿自己的男人和別人進行比較：女人常常會對自己的男人說「看看誰的老公怎樣怎樣」，這是男人很反感的事情。男人不希望女人以一大堆的比較將自己說得一無是處，他不會理解女人的真正想法是讓他改掉某個習慣，他會認為你是說別人比他好，因此他會產生逆反心理，他會說：你覺得我不好可以走開！

5.家醜不外揚：女人喜歡傾訴，可能會把男人的種種不好告訴別人，讓男人覺得無地自容，這是讓男人很頭疼的事情。男人認為這些事會引發一些風言風語，會對你產生不好的影響，很可能你們的關係會因此陷入泥潭之中，因為，男人希望自家的事情自己處理。

6.女人要愛乾淨：男人往往能夠容忍自己的懶惰和髒，但就是容忍不了一個女人不愛乾淨，他會因為一個女人不愛乾淨而對她產生厭煩，而除了自身的整潔，當然還有居家環境，後者甚至比前者更重要。

7.避免在他發怒時與他針鋒相對：男人很可能在外面因為壓力、競爭而變得心情很差，他有時會將這種情緒帶到家中來，於是在女人沒有做錯事的時候也對她發脾氣，而女人應該要覺察他在外面所受到的壓力，不要在這個時候硬碰硬，否則場面可能很難收拾。女人應該給予理解，在他平靜下來的時候，再問問他有什麼事情不順利，這樣他會更感動。

愛需要表達出來

兩性相處要和諧，愛的語言少不了。美國著名的家庭婚姻專家蓋瑞查普曼博士在他的著作中列舉了以下幾種愛的表達方式：

1.肯定的言辭：著名作家馬克吐溫曾說：「一句稱讚的話，可以讓我活兩個月。」如果我們從字面上來解釋，一年中有六句稱讚的話，就能使馬克吐溫的愛情保持在水準之上，但你的伴侶恐怕需要更多一點。

許多夫妻從不知道以言語肯定彼此，也不知道肯定的語言會有驚人的力量，口頭的讚揚或欣賞的話語，乃是「愛」的有力溝通工具，不妨從現在、從今天做起，稱讚你的伴侶為你做的每一件事，當我們聽到肯定的言辭時，我們就會被激勵，並願意回報。

2.專注的時刻：是指給予某人全部的注意力。這不是說坐在沙發上一起看電視，當你那麼做的時候，是電視吸引你的注意力，而不是你的伴侶。你們應該坐在沙發上，關了電視，注視著彼此並交談，給對方全部的注意力；也可以是散步，但只限你們倆在一起；或者上小館子，彼此注視著對方交談。

你有沒有注意到，在餐館裡，你幾乎總是看得出婚前約會的男女和已婚夫婦間的不同：約會的男女彼此注視著交談；已婚夫婦則坐在那兒東張西望，你會認為他們的目的只是去吃飯。

當你全神貫注地跟伴侶坐在沙發上二十分鐘，而且他也如此待你的時候，你們是把生命中的二十分鐘給了對方，這二十分鐘過去就不會再回來。你們彼此的給予是一種傳達愛的有力方式。

3.接受禮物：如果你的伴侶感受愛的主要方式是接受禮物，那麼，你就可以成為送禮物的高手，事實上，這是最容易學到的愛的語言之一；此外，還有一種無形的禮物，就是你自己，你可以把「在場做伴」作為厚禮，獻給你的伴侶。

禮物的本身是思念的象徵，它是否值錢，無關緊要，重要的是你想到了他，而且只是在你心裡的想法不算數，你的思想經由禮物實際地表達出來，而且把它當做愛的表示送出去才算數。

4.服務的行動：所謂服務，是指去做你的另一半想要你做的事。你借著替他服務而使他高興，借著替他做事來表示你對他的愛。這樣的行動包括：做一餐飯、陪他去運動、與他出席一次餐會，這些都是服務的行動，而這些服務需以思想、計畫、時間、努力和精力來投資，如果是以正面的精神來完成，那就是真愛的表現。

5.身體的接觸：身體的接觸是溝通婚姻之愛的有力工具，牽手、親吻、擁抱，都是一個人跟他伴侶溝通愛的方式。對有些人來說，伴侶間少了身體的接觸，他們便感覺不到愛與安全，所以，不要吝惜你的擁抱，那是簡單又容易做到的。

男人和女人因愛而結合，而愛不僅要放在心裡，更應該用實際行動或語言表達出來，聰明的女人要學會愛的表達，讓愛情浪漫多彩。

愛情與婚姻的溫差

婚姻生活遠比愛情來得更長久、更細緻、更現實，婚姻能夠徹底地改變一個女人，從外表到內心。愛情和婚姻的溫度是不同的，愛情是滾燙的，而婚姻卻是溫暖的，許多人正是由於無法適應婚姻與愛情的溫差，而讓雙方的感情越走越遠。

一對曾經讓人羨慕不已的戀人，在結婚一年後吵吵鬧鬧地走上了法庭，要求離婚。朋友、家人都十分驚訝，力圖勸說他們：「相戀五年，多少次花前月下，為什麼反目成仇呢？」妻子委屈地說：「他曾說愛我一輩子，可是現在他寧肯欣賞那些街上的漂亮女孩，回到家，也懶得看我一眼，還挑三揀四。」丈夫生氣地說：「你不也一樣，在外面都能和顏悅色、溫柔體貼地對待每個人，回到家裡，總是板著臉，嘮叨不停，還總是強詞奪理，越來越像個潑婦！」

承審法官說：「你們都希望對方永遠愛自己，可是卻經受不了生活中的平凡瑣事，自己反省一下，是否有這樣的情形？你們有很深的感情基礎，生活應該多製造一些愛的氛圍，平凡的生活也有其獨特的魅力，試著去尋找吧！」

婚姻是由無數個瑣碎的細節疊加而成的，所以說瑣碎的生活成就了愛情的永遠。在瑣碎中，發現樂趣，在瑣碎中互相諒解，這是擁有美滿婚姻的寶典。

有些人在婚姻上的失敗，並不是找錯了對象，而是從一開始就沒弄明白，在選擇愛情的同時，也就選擇了一種生活方式，就是這種生活方式，決定著婚姻的和諧，有些人沒看到這一點，最後使本來還愛著的兩個人走向了分手。

走進婚姻，不意味著放棄愛情，雖然愛情是熱烈的、滾燙的，婚姻是真實的、溫暖的；其實，只要二者真正融合，你就會發現這才是人生最舒服的溫度。

長久的愛是恆久的忍耐

在童話故事中，無論是灰姑娘還是白雪公主，她們最終都和心愛的王子「有情人終成眷屬」，故事到此戛然而止，人們從來不去猜想接下來他們的婚姻生活如何，是不是也有爭吵？是否也有抱怨？是否也會因「七年之癢」而勞燕分飛？他們真的就能相敬如賓、白頭偕老？人們不願去想，只願意去品味愛情的浪漫、甜蜜，而不願去想像婚姻的瑣碎。

正所謂：「相愛容易，相處太難。」如果說相愛是一個甜蜜醉人的夢，那麼相處就是一個不識相的鬧鐘。不可否認，愛情常常是在一個充滿想像的空間裡，因為思念、回憶、憧憬和距離而愈加美麗動人，而當距離消失，想像便失去了飛翔的翅膀，愛情如仙女落入凡塵，柴米油鹽喜怒哀樂生老病死交織而成的平淡生活，漸漸洗去了她的鉛華，生活的現實幾乎掩蓋了浪漫的光環。往日熾熱專注的目光變得漫不經心，不厭其煩的綿綿情話變成了言簡意賅的三言兩語，平日看不夠的舉手投足漸漸覺得有些礙眼……是不愛了嗎？

愛情是兩個人相互愛慕相互傾心的思想感情，她是精神的，所以也是浪漫的，可以不考慮明天的早餐，可以不考慮煩人的家務，只管盡情地談情說愛聊些風花雪月的事；而婚姻是兩個人因結婚而產生的夫妻關係，一提結婚自然要買房子買傢俱，也必然要穿衣吃飯生孩子，衣食住行一樣也不能少，而這些都是物質的，深深地紮根在現實的土壤裡，因此它是現實的。

在《讀者》雜誌上有一則小故事：一對性格完全不同幾乎是水火不相容的人，卻成就了五十多年的好姻緣。有人問老婦人，這麼長的歲月，怎麼走過來的？她答一個「忍」字；又問男主人，他答一個「讓」字。聽似不可思議，實則金玉良言。如果兩個人是相愛的，你不能容忍他，也就不能忍耐除他之外任何一個你重新選擇的人，你也就永遠無法擁有一份長久而真實的感情。

《聖經》裡給愛的定義是——恆久忍耐。如果你愛一個人，那麼就永遠忍耐他的一切，反過來，如果你恆久忍耐一個人，那麼你一定是非常非常愛他的。

愛情真正的天敵，是時間，是歲月，愛情要戰勝時間和歲月，憑的是溫情而不是激情，要的是寬容而不是佔有，靠的是寬容而不是要求，有的是真誠而不是虛情。

13. 好命女人不抱怨

化抱怨為抱負

在生活中，常有女性抱怨伴侶不夠體貼，孩子不聽話；在公司裡，埋怨工作太多、薪水太少。總之，對生活永遠是一種抱怨，而不是一種感激，她們只計較自己得到什麼，在自己和別人的得與失之間斤斤計較，殊不知，她們喋喋不休的抱怨，不僅不會帶來任何改善，反而會讓別人對你產生不好的印象。

喜歡抱怨的人不見得不優秀，但常常不受歡迎。抱怨不僅傷了自身，也會影響其他人的情緒，讓不明真相的人心理產生波動，也會破壞工作場所的氛圍。誰都不願靠近牢騷滿腹的人，怕自己也受到傳染，抱怨除了讓你喪失勇氣和朋友，於事無補。

如果你有時間抱怨，那麼你就有時間把工作做得更好；如果你覺得抱怨無濟於事，你就應該去尋找克服困難、改變環境的辦法；如果你認為抱怨是一種壞習慣，你就應該化抱怨為抱負，變怨氣為志氣。

厄運不會長久持續下去，所以當遭遇不幸，與其以消極抱怨的心態待之，不如以積極的心態去化解。要相信，終有一天會雨過天晴，而且大雨過後天更藍。

人生是美麗的，人生也是有缺陷的；因為美麗，才值得我們活一回，因為有缺陷，才需要我們彌補，需要我們有所作為。一位偉人曾說：「有所作為是生活中的最高境界，而抱怨則是無所作為，是逃避責任，是放棄義務，是自甘沉淪。」

不抱怨，不僅是一種平和的心態，更是一種非凡的氣度。不論我們遭遇到的是什麼境況，光是喋喋不休抱怨不已，都不會對事情有所改變，只會把事情弄得更糟，而這絕不是我們的初衷。

沒有人欣賞好抱怨的女人，就是因為這不是有出息的行為，真有志氣的女人從來不會抱怨，與其抱怨不如改變！

苦水，只會越吐越多

傾訴，是緩解痛苦的一種方式，但不是解決痛苦的方式。一味地吐苦水，最終只會把自己淹沒在苦水之中。

柔弱無助的女人總是會引起別人的同情及保護欲望，但凡事都應有個限度。不斷重複自己的不幸，這樣做就不像一個青春女孩應有的柔韌，反而如同一個自怨自艾的老婦。不停訴說自己的不幸遭遇，得到旁觀者悲劇心理的滿足和別人對你的厭煩。

相信很多人小時候都有這樣的經歷，在跌跌撞撞地學走路時，無數次跌倒。孩子對於疼痛是無法忍耐的，當孩子因為跌倒疼痛而哭泣時，如果這時父母匆忙趕過來，將他抱起，焦慮地檢查他身上的傷口，寵溺地哄勸，本來已經聲勢漸竭的抽噎，又重新鼓足了力量，因為父母的悉心呵護讓我們覺得更加委屈，不自覺地軟弱，用哭聲向父母撒嬌。但如果父母只是輕輕走過，對孩子說聲：「站起來。」孩子的委屈也沒有了什麼理由，於是重新邁開兩條稚嫩的腿搖搖晃晃地走路。

我們已經不再是小孩子了，早就該消除這種孩子氣。別盡把自己的苦水吐盡，向別人撒嬌，這會讓自己的失意不斷擴散。

「福無雙至，禍不單行」，越是倒楣的時候，越容易遇上更多的倒楣事？其實這都是自己心理作祟，越是把「倒楣」二字掛在嘴邊的人，越不容易走出倒楣的怪圈。因為倒楣的人思考問題總是朝負面、消極的方向去想，這也就為下一步的倒楣鋪好了道路。就好比我們心情不好的時候更容易跟人吵架、更容易看孩子不順眼一樣，這樣一來事情肯定會越做越糟。

為什麼倒楣的事情總像一個惡性循環，不斷地找上門來？現代心理學家發現，壞事總是比好事更能引起我們的注意，更能使我們無法忘懷，於是我們就更容易記住那些不愉快的經歷。倒楣的人總覺得自己倒楣，是因為他們看問題的方式和幸運的人不一樣。

其實，從來沒有誰比誰倒楣，也沒有誰比誰幸運，任何事物都是相對的，只要自己用點心，絕對可以降低倒楣事的發生機率，怕的就是深陷倒楣不能自拔，最終沾了一身晦氣，帶著壞心情做事，做什麼都不順。

其實，許多「倒楣事」都是因為自己的疏忽大意造成的，並非老天爺一定要和自己作對。如果平時多進行一下電腦維護，清除垃圾並安裝較安全的防病毒軟體，就可以預防電腦當機；抽空收拾屋子，暫時不用的東西可以用收納盒收起來以防萬一不小心隨手扔掉；投資的時候不要光想能賺多少，而應該想到可能會賠多少，要有風險意識；買保險前把條款看清楚，不明白的地方一定要詢問清楚，或者向身邊有經驗的朋友請教，省得出問題了處理起來麻煩；好孩子是誇出來的，應該多鼓勵自己孩子，而不是考壞了就責備孩子。

不如意的事在所難免，但應該要帶著好心情去對待它，遇事不順要積極去找原因以避免再次發生，而不是坐在那裡怨天怨地，像個怨婦一樣，那樣不僅害了自己，連朋友都不敢再靠近你。所以，快為自己解開倒楣的魔咒，做個能給自己和別人帶來福氣的幸運女神！

善待別人就是善待自己

有一些人看事情永遠看最糟糕的一面，想問題永遠想最難解的癥結，別人可以一笑了之的事情，在他那裡，就是天塌下來的大事。心生怨氣，不僅拿別人的錯誤折磨自己，同時也拿自己的錯誤折磨別人，擾亂別人的生活節拍；抱怨太多，會把快樂拒之門外，錯過了美好時光。

再說，抱怨昨天，並不能改變過去；抱怨明天，同樣不能對未來有益。與其徒勞無功地浪費時間，不如轉變心態，化解怨氣，採取積極的行動。那麼，女人如何才能改掉抱怨、嘮叨的壞毛病呢？

1.每次開口抱怨之前，先問一問自己，值不值得抱怨。抱怨男人冥頑不化，卻不知他做事極有恆心和毅力；抱怨男人粗心大意，卻不知他是天真率直；抱怨男人自以為是，卻不知他真的很聰明能幹。你要得到他的好，就得容忍他的不足；女人左右不了男人的性格行為，只能左右自己對他們的看法，想抱怨的時候，就朝好的方面想一想，便會釋然。

2.想一想他聽了你的抱怨，能改變多少。人的性格與生俱來，很難為自己左右，更別說伴侶及其他人了；讓我們盡力改造能改造的，平靜地接受不能改造的，並且多從生活中學習經驗和試著釋懷。

3.如果你的抱怨非說不可，那也要慎重地選擇時機和地點。如果女人天天抱怨，那麼男人就很容易把你的話當耳邊風，而且當他因為別的事心情不好，或者工作很忙的時候，對你的抱怨他是聽不進的。你也許會說：不當場指出來，過一會兒就忘了。能讓你很快就忘的，那一定不值得小題大做。要抱怨，挑有空又安靜的時候，逐條將你的不滿說出來，希望他能改，並且告訴他不改的話，後果會怎樣，你會說到做到的。但有一個抱怨的好時機，就是他心情好時，想為你做點什麼事的時候。

總之，女人應寬容一些，不要總是抱怨，這不僅是善待別人，更是善待自己！

想像快樂，就會真的快樂

心想就會事成，壞事也同理可證。如果每天都怨嘆自己不如別人有錢、不如別人漂亮，你就會真的變成一個又窮又醜的囧女；相反，那些一臉陽光明媚的女孩，運氣都不會太壞。當人們看到她們臉上的笑容，也會自然地生出愉悅之情，能給別人帶來快樂的人，又怎麼可能不快樂呢？

卡內基告訴我們：「想像快樂，你就會真的快樂。」想一想，的確如此。當我們嘗到苦澀，不開心的時候，試著給別人一個微笑，我們同樣也會收到無數個微笑。當滿世界都對著我們笑的時候，還有什麼理由不快樂呢？

一些女性因為生活或工作上遭遇挫折，陷在悲傷的情緒中無力自拔。對此，心理專家認為，想像快樂是一種快速調整情緒獲得快樂的方法，雖然治標不治本，但的確有效。

人類身體和心理是互相影響、互相作用的整體，某種情緒會引發相應的肢體語言，比如憤怒時會握緊拳頭，呼吸急促，然而，肢體語言的改變同樣也會導致情緒的變化，比如當我們強迫自己做微笑動作的時候，我們也會發現內心開始湧動歡喜，所以想像快樂，我們就會真的快樂起來，這就是身心互動的原理。

多年來，許多心理學家一致認為，通過改變一個人的行為可以間接改變他的情緒。心理學家艾克曼的最新實驗顯示，一個人老是想像自己進入某種情境，感受某種情緒，結果這種情緒十有八九真會到來，這個新發現可以幫助我們有效地擺脫壞心情，其辦法就是在行為上先讓自己快樂起來。

漢斯威辛吉教授認為：「你不能只坐在那裡，等待快樂的感覺出現，反之，你應該站起來，開始學習快樂者的動作和談吐。想像快樂不能在三十天中把一個內向的人變成一個開心外向的人，但卻是邁向正確方向的第一步。」

假作真時真亦假，久了，假的也會在不知不覺中變成了真的。當我們不快樂的時候，就想像很快樂吧，經常跟自己玩「想像快樂」的遊戲，生活也會變得很有趣。

傾訴可以避免痛苦擴大

相信大多數女人都有幾位無話不說的姊妹淘吧！姊妹淘，一個多麼親切的稱呼。對於充滿感性、心靈世界豐富多變的女性而言，姊妹淘的作用往往比戀人或丈夫的作用還要大。她們總是樂於互相傾訴小秘密，互相發牢騷，而且，姊妹淘總是在你不在的場合毫不猶豫地代表和維護你的利益。在你哭泣的時候，她們替你哀傷；在你歡樂的時候，她們為你祝福。

姊妹淘之間會有外人無法理解的小玩笑，她們在繁忙的工作之餘彼此慰藉，這就是姊妹淘的力量，無論你在外面需要擺出怎樣的正經面貌，在姊妹淘面前，你永遠可以最自由、最快樂。

朋友之間，不只是要分享快樂，更重要的還要分擔煩惱和憂愁，這才是友誼的真誠和珍貴之處，不要把滿腔心事都憋在心裡，自己一個人默默吞嚥，這種感覺很苦很悶。煩惱需要傾訴，有些事情說出來就好了，心情其實只是需要一個發洩的出口。跟朋友訴說的時候，不要顧及太多，不要頑固偏執地堅守著那份苦惱，否則也就失去了傾訴的價值，如果害怕暴露自己的弱點，那你的煩惱只會永遠在你內心深處，無法走出。

朋友的安慰和鼓勵，你要用心傾聽，並要誠懇地接受。傾訴不是為了把煩惱倒給別人，而是讓煩惱化為雲煙，消失在九霄雲外，這才是傾訴的目的和初衷。

當一個人被心理負擔壓得透不過氣來的時候，如果有人真誠而耐心地來聽他的傾訴，他就會有一種如釋重負的感覺。對此，現代心理學中有「心理嘔吐」的說法。美國心理學家羅傑斯認為，傾聽不僅能使聽者真正理解一個人，對於傾訴者來說，也有奇特的效果，心理上會出現一系列的變化。他會感覺到終於被人理解了，內心有一種欣慰之感，進而使壓抑感得到緩解，心理上似乎感到一種解脫，還會產生某種感激之情，願意談出更多心裡話，這便是轉變的開始。

一個人如能從混亂的思緒中走出來，換一個角度去思考問題，重新審視自己的內心世界，那些原來以為無法解決的問題，就會迎刃而解。

只有女人才最懂得女人，她們能明白對方的內心所想，並且互相撫慰。女性朋友是彼此間最好的心理醫生，姊妹淘情誼是女人值得珍惜一生的財富。如果你有這樣一些無話不說的朋友，那麼你是幸運的，好好珍惜與她們之間的友誼吧！

把煩惱輕輕放下

「有生活，就有煩惱」，這句平實的話告訴我們，沒有人一生都一帆風順，人人都有煩惱。有些女人因為這些大大小小的煩惱搞得自己心力交瘁，而聰明的女人，她們會定期清理自己的煩惱，整理自己的思緒，不讓煩惱侵佔自己的生活。

女人的心是細膩的，想的事情也多，因而更容易被煩惱這個冷血殺手折磨得遍體鱗傷。年輕時，擔心自己不夠美麗；結婚後，怕老公變心；有了孩子後又擔心孩子的教育。總之，她們很容易煩惱，而這些煩惱勢必產生心理疲勞，甚至發展為心理疾病。

有的女性之所以感到生活很累，整日無精打采，有的竟未老先衰，就是因為習慣將這些事情吊在心裡放不下來，結果在心裡刻上一條又一條「皺紋」，把人折騰得疲勞又衰老。其實大可不必這樣，須知，人生不如意事十常八九，只要想得開，就沒有什麼放不下的事情。

脆弱的女人為情煩惱，如能擺正自己的立場，盡情享受情愛的滋潤，而不讓自己陷入感情的糾葛，女人的心情定會輕鬆不少；虛榮的女人為利煩惱，女人對於浮華的追逐不應太過執著，放開胸懷，少去索取，多多付出，便不會終日停留在鬱悶焦躁中。

所有的女人都會面臨各種各樣的煩惱，但有些女人卻總是滿面春風，看上去似乎事事如願。原因很簡單，有煩惱也不要總去想它，儘量忘記它，不給自己任何機會去引起煩惱，不讓自己的心有機會獨處。這樣過一陣子，煩惱就會淡去，達到解放自己的目的。

煩惱是心靈的垃圾，是成功的絆腳石，是快樂生活的病毒，但你可以讓煩惱遠離自己的心靈，把它掛在「煩惱樹」上，這棵樹可以是無形的，栽在心田一角；可以在電話裡向至交好友盡情傾訴一番；也可以是日記本中一場自由的宣洩。把煩惱交出去，它就不會在心裡堆積、變質，長出情緒的毒瘤。

放下是一種大氣，是一種境界，懂得放下的女人，氣質格外不同。印度詩人泰戈爾曾說：「世界上的事情最好是一笑了之，不必用眼淚去沖洗。」女人要學會的就是停止抱怨、停止憂慮，放下煩惱，燦爛的彩虹就會出現。

用感恩的心體會生活

有些女人總是抱怨自己的生活：抱怨自己不夠美麗，抱怨擁有的財富不夠多，抱怨家庭不夠幸福、丈夫不夠體貼、孩子不夠懂事、生活太過平凡，但女人是否應該換個角度，去看你所擁有的，感恩生命賦予你的東西。一個擁有感恩之心的女人，就不會被虛榮蒙上眼睛。

曾經有人說過這樣一段話：如果早上醒來，你發現自己還能自由呼吸，你就比在這一周離開人世的一百萬人更有福氣；如果你從未經歷過戰爭的危險、被囚禁的孤寂、受折磨的痛苦和忍饑挨餓的難受，你已經好過世界上五億人；如果你的冰箱裡有食物，身上有足夠保暖的衣服，有屋棲身，你已經比世界上七〇％的人更富足；如果你銀行戶頭有存款，錢包裡有現金，你已經身居世界上最富有的八％的人之列；如果你的雙親仍然在世，並且沒有分居或離婚，你已屬於稀少的一群；如果你能抬起頭，帶著笑容，充滿感恩的心情，你是真的幸福——因為世界上大部分的人都可以這樣做，但是，他們沒有。

當你讀完這段話時，內心是否也感到一陣巨大的震撼呢？你或許是平凡的，但你不一定就不是幸福的。你的財富往往就是這些看似平凡的東西，只要你擁有一顆感恩的心，就不會被虛榮蒙上你的眼睛，你才能夠發現這一切，它們都不應當被你忽略。感恩者常樂，幸福就是這麼簡單。

你覺得自己很不幸嗎？不，你絕對是一個幸福的女人，一顆感恩的心能讓自己平靜、滿足、懂得珍惜、學會欣賞，讓自己不會停留在痛苦和絕望中，並且擁有足夠的信心和力量去擁抱每一個燦爛的明天。

懂得感恩，肉體的痛苦便顯得微不足道，永遠無法抹煞精神的快樂。感恩的心不會在命運陰霾的籠罩下窒息，反而會永遠生機勃勃。

所以，我們不必感嘆別人的富裕，嫉妒別人的權勢，因為我們的生命中也有很多讓別人羨慕的精彩。拋開那些無休止的欲望吧，它只會令人徒增煩惱，只有當你知道自己幸福的時候，你才是真正幸福的人。

14. 給自己一個貴人命

善良是幸福的通行證

善良，是一種溫馨的力量，它聚集人氣，使你成為最受歡迎的一個。一個人的生命，除非有助於他人，除非充滿了喜悅與快樂，除非養成對人人懷著善意的習慣，對人人抱著親愛友善的態度，並從中得到喜悅與快樂，否則他就不能稱得上成功，也不能稱得上幸福。

一個心地善良的人，必是一個心靈富足的人，同時，其善良的舉動也會帶給他人內心的感動和震撼。有時，善良的表現還會給自己帶來不可思議的回報。

在生活中，遇到困難的人，不管是你認識的還是不認識的，你都有義務伸出援助之手。只要還有能力幫助別人，就沒有權利袖手旁觀。一個心地善良的人，必是一個心靈豐足的人，同時，善良的舉動也會帶給他人內心的感動和震撼。每個人都應該在心中播種善良的種子，日後才能綻放出絢爛的花朵。

殊不知，一個愛的字眼，有時能把人從痛苦的深淵中拯救出來，並且帶給他們希望；一個微笑，有時能讓人相信他還有活著的理由；一個關懷的舉動，甚至可以救人一命。

善良可以讓一個女人獲得無可替代的信任、無怨無求的幫助、暖人心扉的理解和同情。女人有了善良才不會迷失方向，心胸才能寬闊，目光才會高遠，才能夠獲得更多的信賴和人氣，這種內在的氣質修養比化妝品更能滋潤你，讓你的魅力光彩綻放一生。

善良，是一種正面的力量，它總是很容易聚集人氣，讓周圍的人都喜歡你。一個人，除非有助於人，感受到別人對他的需要，否則他就稱不上成功，更稱不上幸福。擁有愛心的人，既贈予他人幸福，又讓自己的生命從容而無悔。播種愛與善的種子，任何時候都不算太晚，那些真正好命的女孩，都有一副好心腸。

多一份付出，就像一盞大燈一樣照著你自己，多一份付出，能夠使你確信你正在做正確而且有益的事情，使你更能對自己的良知負責並且給你信心；多一份付出，還在於它能使你強化自己的能力，並且追求更高品質的生活。

世界上到處有著給那些愛人者、助人者建立的紀念碑，如果這紀念碑不是用大理石或古銅建成的，那麼就是建在他人的心中，尤其是被受助者和被感動者的心中。

堅強是人生天平最重的砝碼

幸福的人生是類似的，不幸的生活卻有各自的故事。命運不是早就調整好的精密儀器，它偶爾也會犯錯，這個時候，苦難就降臨到了我們頭上。生活不如意，女性似乎成了柔弱的代名詞，對苦難，有些女人只以眼淚當武器，結果溺死在自己的眼淚之中。

堅強是一種品性，是千錘百煉磨礪出來的結果，堅強是每一個人在不幸中支撐身心的精神支柱，是命運出錯時平衡人生最重的砝碼。那些選擇堅強面對的女人，當面對命運女神挑戰的時候，最終一定會贏得勝利！

二〇〇八年北京奧運會中，一位叫做納塔莉杜托伊特的女子游泳選手贏得了大家的讚賞，不是因為她獲得了冠軍，而是因為她頑強性格感動了我們。

那年二十四歲的南非選手納塔莉杜托伊特七年前遇到了車禍，事後杜托伊特左腿膝蓋以下部分被截肢，這位二〇〇〇年僅以毫釐之差無緣雪梨奧運會女子混合式冠軍的希望之星，轉瞬之間成了一位肢殘者。人們都認為她的運動生涯就此結束了，然而三個月後，她重返泳池，開始學習用一條腿游泳。獨腿讓她很難保持平衡，於是她決定主攻不需要太多依賴打腿動作的長距離游泳。一年後，杜托伊特在大英國協運動會上闖進女子八百米自由式決賽；二〇〇八年五月，她在世錦賽上奪得女子十公里馬拉松游泳第四名，一舉「游」進北京奧運會。

決賽中，杜托伊特在二十五名參賽選手中最終位列第十六名，但她並不滿意自己的表現：「有些失望，我應該能進前五，對於一名久經賽事的選手來說，這是不能原諒的。我不想無償地得到什麼，我是為夢想而來，夢是自己給自己的，而不是別人給的。」

納塔莉杜托伊特的形象是北京奧運會中最感人的畫面之一，「獨腿的美人魚」讓我們看到了堅強所賦予人們的巨大潛力。

納塔莉在苦難面前所展現出來的堅強讓所有人崇敬，抱怨人生不公、感嘆自己是上帝棄兒的人，在這樣女性面前會感到慚愧不已。

生活不是設定好的旅途，一切都能盡在你的掌握，在你的人生道路上可能存在著挫折甚至災難，你是選擇軟弱的承受，還是堅強的面對？命運出錯，你不能錯，選擇堅強，才能為自己的人生天平選擇最重的砝碼。

控制自己不合理的欲望

貪婪自私的人往往目光如豆，所以他們只看見眼前的利益，看不見身邊隱藏的危機，也看不見自己生活的方向。

合理有度的欲望本是人奮發向上、努力進取的動力，但倘若欲望變質了，我們就容易失去本心。女人的欲望一旦轉變為貪欲，那麼在遇到誘惑時就會失去理性，有一些本來在社會上很有地位的人，為了滿足自己不合理的欲望以致利令智昏，於是行賄、受賄大行其道，其結果可想而知，把自己的前途都賠進去了。

面對誘惑不動心，不為其所惑。雖平淡如行雲，質樸如流水，卻讓人領略到一種山高海深，讓人感覺到一份放心，這樣的人也是真正懂得生活智慧的人。

古往今來，因不能節制欲望，不能抗拒金錢、權力、美色誘惑而身敗名裂，甚至招至殺身之禍的人不勝枚舉。誘惑能使人失去自我，這個世界有太多的誘惑，一不小心就會掉入陷阱。找到自我，固守做人的原則，守住心靈的防線，不被誘惑，你才能生活得安逸、自在。

貪婪自私的人往往目光如豆，只見眼前利益，而忽略了隱藏在背後的危機。貪欲越多的人，往往生活在日益加劇的痛苦中，一旦欲望無法獲得滿足，他們便會失去正確的人生目標，陷入對蠅頭小利的追逐。你一定要隨時提醒自己，控制自己不合理的欲望，因為你的貪欲很可能讓你失去一切。

讓胸懷寬闊如海洋

大陸知名媒體人楊瀾曾在寫給年輕女孩的一篇文章中提到：「女孩到了二十幾歲後，就要慢慢地學會忍耐與寬容了，社會並不是一個任性的地方，那些大小姐的脾氣要慢慢地收斂了，因為可能有些時候就因為你的計較會讓你失去自尊，成為被人指責的沒有教養的女人。給那些不友好的人善意的微笑，既能夠讓對方無地自容，也能夠給別人留下大度且善解人意的好印象。忍耐並不是懦弱，也不是傷自尊，而是寬容美。請放下理直氣壯的壞脾氣，在適當的時候讓一步，不僅可以體現出你的涵養，而且還會讓你成為受人歡迎的女孩。」

給人面子，既無損自己的體面，又能使人對你產生感激和敬重之情。不計較小事，不苛求別人，會為你贏得更多的時間和精力；胸襟廣闊，能容人容物是現代女性追求的境界，因為大度和寬容能給你帶來太多的好處。在短暫的生命里程中，學會寬容，意味著你會生活得更加快樂，寬容可謂女人一生中最有魅力的財富。

莎士比亞忠告人們說：「不要因為你的敵人而燃起一把怒火，灼熱得燒傷你自己。」佛蘭克林說：「對於所受的傷害，寬容比復仇更高尚。因為寬容所產生的心理震動，比責備所產生的心理震動要強大得多。」能夠寬容待人，不但自己能夠及時清空心理垃圾，而且能夠得到別人的寬容。如何學會寬容呢？不妨試試這些辦法。

1.在怨恨以前問自己「假如我是他呢」：這裡的他就是你生氣的對象，不妨設身處地站在對方的立場上想想，也許你會發現自己也有錯，或者對方不得不這樣做。看到對方的無奈，你還會生氣嗎？

2.不要把所有人都當成假想敵：這樣的心思是寬容的大敵，大多數情況下沒人會故意傷害你，當感到不平時，你不妨溫柔地向對方表達你的想法，因為對方通常不會意識到自己的言談或者做法對你造成了傷害，如果你告訴了他，他自然會加以改正。

3.不要給自己和他人制定苛刻的標準：通常，苛責、怨恨都是因為別人沒有達到你所設的標準，這時你不要以自己的標準去苛責他人，因為沒有一個人與你有完全相同的經歷和思維習慣，所以你不要用自己的觀念去評價別人。

高山因為承受著土石樹木，所以才變得雄偉；大海正是容納了百川，所以方顯得遼闊。如果能對任何不順心的事情都一笑置之，生活中不開心的事就會減少。記住：任何事情退一步就會海闊天空，學會寬容地對待這個世界，也是女人愛自己的一種方式。

燃起生命的熱情

生活有了熱情才會有希望，生命中充滿熱情，生活便每天都充滿陽光。

相信你一定看過小提琴家在演奏時滿頭亂髮飛揚的場面，他只顧演奏，絲毫不關心外表如何。正是這份熱情彌補了他的外表，創造了一個全新的形象，讓他氣質非凡，讓他魅力無窮，讓觀眾為之傾倒。這就是熱情的爆發力和感染力。

發揮熱情，能帶給你真正的自信。因為你專注於自己的興趣而非外表時，你就有了自信，你不再以自我為中心，你不再擔心別人的眼光，只是充分地展現自己的熱情。

快樂生活的一個基本要點就是拿出你的熱情來，你有了對生活的熱情，就不需要在意別人對你的看法和評價，不需要依靠別人施捨給你陽光，只要你對待生活有足夠的熱情，你就可以成為自己的太陽。

熱情是一種青春的活力，就是待人誠懇，以情感人，同時又不失穩重，做到落落大方、談吐自然、舉止適度。富有熱情的女人，會談笑風生，以自己的言語感染別人，使周圍的人感到愉悅，受到激勵，當別人遇到困難時，能熱情相助，使人感到可親、可敬。

一個失去熱情，對一切人和事物都採取漠視和冷淡態度的女人，看不到生活的本質和人生的真諦，看不到希望和曙光，不能尋覓到摯友和知音，也激發不起生活的熱情和興趣，終日伴隨她的只是內心深處的孤寂、淒涼和空虛，這無疑是一種可悲的自我摧殘和自我埋葬。

對人熱情的女人言行舉止間會顯露出一種吸引人的氣質，會得到別人的喜歡，就像有人說的那樣，「你對我熱情，我就喜歡你」。當一個女人充滿熱情時，她散發的是一種青春朝氣、生機勃勃的氣質魅力。所以，我們不要做老氣橫秋、毫無激情的女人，一定要讓熱情燦爛我們的一生！

若要人愛你，你當先愛人

愛的力量是相互的，要獲得他人的喜愛，首先必須要真誠地喜歡他人，這種喜歡必須是發自內心的，而非另有所圖。

一個人如果只關心自己，很難成為一個被人喜歡的人。要成為令人敬重的人，必須將你的注意力從自己的身上轉到別人身上去。哲學家威廉詹姆斯說：「人性中最強烈的欲望便是希望得到他人的敬慕。」如果你只是關心自己，就沒有時間及精力去關心別人。

一個人希望被別人喜歡、敬重，必須先學會關愛別人。要真正地去關心別人、愛別人，激勵他們展現最好的一面，那樣，別人也會加倍地關心你、愛護你。如果在一個艱難的處境中，你能對一個人表現出你的理解和耐心，則不只是那個人，其他的人也同樣會對你非常敬重。

受歡迎的人大多有一種特質，他們似乎知道如何使別人接受自己，誰能做到這一點，誰就能獲得別人的喜愛。所以，過分以自我為中心的人總會讓自己不快樂。以自我為中心的人，常常不懂得接受自己，這種心境常會產生悲憫和受挫感。因為一個人內心感到痛苦，其他人往往會不自覺地加劇他的緊張情緒，以致影響他的人際關係。

怎樣做一個受歡迎的人？不妨試試以下的方法：

1.記住對方的名字。熟記對方的名字可使對方對你產生深刻的印象，這是因為姓名對於個人而言，可以說是最具代表性的。

2.儘量使自己成為一個隨和的人，而且令人不致有壓迫感。總之，你必須是一位態度輕鬆自然、毫不做作的人。

3.為避免發怒生氣，訓練自己面對任何事都能泰然處之，從容不迫。

4.不自私。無論任何事情都不逞強或力求表現，而以自然的態度去應對。

5.保持關心事物的態度。如此一來，人們會樂於與你交往，而受到關心的對方也會因你而得到鼓勵。

6.儘量除去個性中不拘小節之處，即使是在無意中產生的也要盡量去除。

7.努力化解心中的抱怨。

8.試著喜歡每一個人。尤其不要忘記威魯洛加斯所言「我從未遇過討厭的人」，並秉承這一信念努力實行。

9.對於友人的成功不要忘記表示祝賀之意，同樣的，在友人悲傷失意時，也要致以同情之意。

10.對於他人應有深刻的體驗，以便對他人有所幫助。若能盡心盡力幫助他人，他人也會對你付出關懷與愛心。

只要你按照上面的規則去做，就會成為受歡迎的人了。如果你對他人真正有興趣，並且認為他們很重要且經常關心他們，這無疑會增加你獲得成功和幸福的機率，別人也會因此而喜歡你。

知足讓好命近在咫尺

知足是靈魂的滋養，知足是幸福的前提。做一個知足的女人需要勇氣，需要耐性，更需要智慧，然而只要能做到知足，那麼她就一定會是一個幸福的女人。因為懂得知足的女人，有一雙懂得發現美的眼睛，她可以把平淡生活過得豐富多彩，找到隱藏在細節中的美好與快樂。畢竟，欲望是無止境的，就像一條鎖鏈，一個牽著一個，永遠都不能滿足。

生命之舟載不動太多的物欲和虛榮，不知足的人不僅僅是那些唯利是圖、貪得無厭的人，也包括那些過於看重成敗、榮辱、福禍、得失的人。現在讓我們反省自身，看看我們是否正深陷其中而不自知。

生活有時就像上帝設下的圈套，愚蠢的人們會為了滿足自己的欲望而奮不顧身向裡面跳，而聰明人往往會控制自己的欲望，珍惜自己所擁有的，再尋求新的發展。可是許多人都想不到這一點，常常身陷於泥潭而不自覺，常常守著幸福而不自知，常常望著世界而不明就裡，常常疲於奔波而迷失自我。為了填滿自己永無止境的欲望深淵而竭盡全力地追求著，當他們完成一個夢想後，又會有下一個目標，直至死亡為止。他們應該感到惋惜，因為他們為了欲望而放棄了許多應該好好珍惜的東西，到最後怎麼也體會不到幸福的滋味，白白勞碌了一生。而他們所缺少的，其實只是一顆知足的心。

知足就意味著淡泊名利，超越塵世的俗欲而得到心靈的寧靜。它不是消極、無奈的心態，知足並不代表從此淡出人生舞臺，他仍是積極生活，只是淡泊名利。

知足該是一種積極向上對待人生的得失、心平氣和對待不幸和快樂，做到寵辱不驚。我們可以積極地進取和探求，但是內心深處，一定要為自己保留一份超脫，做到知足常樂。

只有甘於平凡知足，才能笑對得失福禍，才能冷靜客觀地對待現實，正確地認識自己，審視自己，尋找自己生活、事業的最佳角度，否則，不求實際，一味地沉浸在欲望的漩渦中，只會將自己淹沒。

懂得知足的女人，會在達成自己的一個夢想後停下來，先好好體會這過程中的苦與累，驚與喜，看清楚這過程中曾給過自己關懷的人們，然後以感激的心來報答他們對自己的這一份恩情。在這過程中你會明白什麼才是你真正所需要的，明白生命的真諦是什麼，明白幸福原來與自己這麼近。

開朗讓你的世界多彩繽紛

小琪在小時候，不知道從哪兒得到了一堆各種顏色的鏡片，她喜歡用這些有顏色的鏡片遮擋眼睛，站在窗臺上看窗外的風景。用粉紅色的鏡片，面前的世界便是一片粉紅色；用藍色的鏡片，眼前就是一片藍色；當用黃色鏡片的時候，世界又變成黃色的。用不同的鏡片去看眼前的世界，世界便呈現不同的顏色。

後來小琪漸漸長大，每當遇到不高興的時候，她就會想起這件事情。她總是對自己說：「世界並沒什麼不同，我可以決定這個世界的顏色！」

你選擇正面，就能樂觀自信地舒展眉頭，面對一切；你選擇背面，就只能是眉頭緊鎖、鬱鬱寡歡，最終成為人生的失敗者。

一個心中有陽光的人，心情樂觀開朗，他的人生態度是積極的，不管在工作中還是在生活上，都能積極地去完成任務，因此他們在這段時間裡自我價值的實現也就相對比較多，自我價值實現得越多，自我肯定的成就感也就越多，這樣就能擁有一個好的心情，形成一個良性循環。

相反，一個心情陰暗的人悲觀、抑鬱，整天愁眉苦臉地面對生活，不管做什麼事情都不積極，甚至錯誤百出，那麼他的自我價值就會實現得越來越少，自我否定的因素就會增加，使心情更加消極抑鬱，成了一個惡性循環。因此有人說，積極的心態會創造陽光的人生，而消極的心態則讓人生充滿陰霾；積極的心態是成功的源泉，是生命的陽光和溫暖，而消極的心態是失敗的開始，是生命的無形殺手。

有兩個人在沙漠的黑夜中行走，水壺中的水早就喝完了，兩人又累又餓，體力漸漸不支。在休息的時候，其中一個人問另一個人，現在你能看到什麼？

被問的那個人回答道：「我現在似乎看到了死亡，似乎看到死神在一步步地靠近。」

發問的這個人卻微微一笑說：「我現在看到的是滿天的星星和我的妻子、兒女等待我回家的臉龐。」

最後，那個說看到死亡的人真的死了，就在快要走出沙漠的時候，他用刀子結束了自己的生命。而另一個說看見星星和自己妻子、兒女臉龐的人，靠著星星的方位指示成功地走出了沙漠。

其實這兩個人並沒有根本的區別，僅僅是當時的心態有所不同，最後卻得到了截然不同的命運。

悲觀失望的人在挫折面前，會陷入不能自拔的困境；樂觀向上的人即使在絕境之中，也能看到一線生機，並為此努力。詩人胡德說：「即使到了我生命的最後一天，我也要像太陽一樣，總是面對著事物光明的一面。」到處都有明媚宜人的陽光，勇敢的人一路縱情歌唱，即使在烏雲的籠罩之下，他也會充滿對美好未來的期待，跳動的心靈一刻都不曾沮喪悲觀：不管他從事什麼行業，他都會覺得工作很重要、很體面；即使衣衫襤褸不堪，也無礙於他的尊嚴；他不僅自己感到快樂，也給別人帶來快樂。

既然世界的變化完全是由自己的感覺來決定的，那麼，何不讓自己永遠保持良好的感覺呢？人生是快樂的還是悲傷的，是精彩的還是單調的，關鍵在於你自己。

智慧系列04

好命新女學——女人，不可不讀的幸福寶典

金塊文化

作　　者：蘇妃
發 行 人：王志強
總 編 輯：余素珠
美術編輯：JOHN平面設計工作室

出 版 社：金塊文化事業有限公司
地　　址：新北市新莊區立信三街35巷2號12樓
電　　話：02-2276-8940
傳　　真：02-2276-3425
E-mail：nuggetsculture@yahoo.com.tw

匯款銀行：上海商業銀行 新莊分行（總行代號 011）
匯款帳號：25102000028053
戶　　名：金塊文化事業有限公司

總 經 銷：商流文化事業有限公司
電　　話：02-2228-8841
印　　刷：群鋒印刷
初版一刷：2012年5月
定　　價：新台幣260元

ISBN：978-986-88303-0-1

國家圖書館出版品預行編目資料

好命新女學：女人,不可不讀的幸福寶典 / 蘇妃著.
-- 初版. -- 新北市：金塊文化, 2012.05
256 面；15 x 21公分. -- (智慧系列；4)
ISBN 978-986-88303-0-1(平裝)
1.成人心理學 2.兩性關係

173.3　　101007738

金塊文化

金塊文化